Maura Oliveira Martins

Profissão jornalista:
um guia para viver de notícias na próxima década

EDITORA
intersaberes

O selo DIALÓGICA da Editora InterSaberes faz referência às publicações que privilegiam uma linguagem na qual o autor dialoga com o leitor por meio de recursos textuais e visuais, o que torna o conteúdo muito mais dinâmico. São livros que criam um ambiente de interação com o leitor – seu universo cultural, social e de elaboração de conhecimentos –, possibilitando um real processo de interlocução para que a comunicação se efetive.

Rua Clara Vendramin, 58 . Mossunguê
CEP 81200-170 . Curitiba . PR . Brasil
Fone: (41) 2106-4170
www.intersaberes.com
editora@editoraintersaberes.com.br

Conselho editorial
Dr. Ivo José Both (presidente)
Dr.ª Elena Godoy
Dr. Nelson Luís Dias
Dr. Neri dos Santos
Dr. Ulf Gregor Baranow

Editora-chefe
Lindsay Azambuja

Supervisora editorial
Ariadne Nunes Wenger

Analista editorial
Ariel Martins

Preparação de originais
LEE Consultoria

Edição de texto
Fabielle Gonçalves Gineste Olsemann
Palavra do Editor
Flávia Garcia Penna

Capa e projeto gráfico
Charles L. da Silva

Diagramação
Andreia Rasmussen

Equipe de *design*
Charles L. da Silva
Sílvio Gabriel Spannenberg

Iconografia
Regina Claudia Cruz Prestes

Dados Internacionais de Catalogação na Publicação (CIP)
(Câmara Brasileira do Livro, SP, Brasil)

Martins, Maura Oliveira
Profissão jornalista: um guia para viver de notícias na próxima década/Maura Oliveira Martins. Curitiba: InterSaberes, 2018.
(Série Excelência em Jornalismo)

Bibliografia.
ISBN 978-85-5972-652-7

1. Jornalismo como profissão 2. Jornalistas I. Título. II. Série.

18-12510   CDD-070.023

Índices para catálogo sistemático:
1. Jornalismo como profissão 070.023
2. Jornalistas: Profissão 070.023

1ª edição, 2018.

Foi feito o depósito legal.

Informamos que é de inteira responsabilidade da autora a emissão de conceitos.

Nenhuma parte desta publicação poderá ser reproduzida por qualquer meio ou forma sem a prévia autorização da Editora InterSaberes.

A violação dos direitos autorais é crime estabelecido na Lei n. 9.610/1998 e punido pelo art. 184 do Código Penal.

Sumário

- **7**   Apresentação
- **12**   Como aproveitar ao máximo este livro

Capítulo 01
16   O jornalismo brasileiro na contemporaneidade
- **17**   Novos perfis dos jornalistas brasileiros
- **34**   De que tipo de jornalista o mercado precisa?
- **38**   Mudanças nas instituições

Capítulo 02
57   O jornalismo pós-industrial e a influência das mídias
- **58**   O jornalismo pós-industrial

Capítulo 03
86   Modalidades valorizadas em um novo cenário da profissão
- **88**   Jornalismo investigativo: oportunidades e dificuldades
- **95**   Jornalismo com o uso de base de dados

107	Jornalismo independente: o (possível) fim das grandes indústrias
113	Jornalismo cooperativo: quando os profissionais trabalham em rede

Capítulo 04
124 Novos formatos e métodos na produção de conteúdos jornalísticos

125	Jornalismo colaborativo: quando os profissionais dividem espaço com os cidadãos
140	Tendências no jornalismo para *web*
150	Tendências nas narrativas textuais
157	Tendências nas narrativas audiovisuais

Capítulo 05
170 Perspectivas para a profissão

171	Qual é o horizonte do jornalismo impresso?
181	Novos modelos de negócio
200	Novos desafios e boas oportunidades para jornalistas
227	*Estudo de caso*
229	*Para concluir...*
232	*Referências*
242	*Respostas*
245	*Sobre a autora*

Dedico este livro ao meu filho, Cícero, que esteve comigo o tempo todo, ainda no ventre, enquanto eu produzia esta obra.

Agradeço aqui a todos aqueles que possibilitaram a produção deste livro.
A Alejandro Mercado, que trouxe todo o suporte necessário para que eu tivesse disponibilidade para me dedicar ao projeto.
A meus colegas jornalistas e amigos Rodolfo Stancki, Elaine Javorski, Kelly Prudencio, Roberta Brandalise, Paulo Camargo, Ricardo Sabbag e Gabriel Bozza, que estiveram sempre dispostos a trocar ideias sobre os rumos dessa profissão.
Aos jornalistas Alexsandro Ribeiro e Daiane Andrade, que, ao compartilharem suas experiências, deram uma importante contribuição para este livro.
À Editora Intersaberes, por confiar em mim durante todo o processo.

Apresentação

O jornalismo atravessa um período histórico de profundas transformações de suas práticas. Em um momento de tantas dúvidas acerca do campo da comunicação, essa é uma certeza que podemos assumir. Também é certo que, em uma fase de mudanças, é natural, e mesmo esperado, que as dúvidas inspirem temores, gerem especulações, sustentem palpites e visões mais ou menos otimistas.

Não obstante, é preciso ter sobriedade na hora de tecer alguns diagnósticos em torno de fatos que ainda estão se desenrolando. Quando pensamos nos rumos que o jornalismo – profissão fundamental ao funcionamento da democracia – está tomando, há uma constatação sobre a qual devemos ter clareza: o futuro não está por vir, mas, de fato, já chegou. Sob tal perspectiva, qualquer discussão sobre as mudanças na área deve levar em consideração que tais alterações já ocorreram – e se desdobram no tempo presente.

O cenário vislumbrado hoje compreende uma pluralidade de fontes de informação, novos perfis profissionais, novos métodos de produção da notícia e novas formas pelas quais a indústria jornalística busca sua sustentação financeira. Por sua própria natureza, o jornalismo configura-se como um ofício de característica dinâmica, que se atualiza constantemente de acordo com as transformações socioculturais e econômicas observadas nos ambientes em que ele floresce. Por isso mesmo, todo profissional que opta por seguir essa carreira deve estar ciente de que a renovação permanente de suas práticas faz parte da postura esperada de todo jornalista.

Nesse sentido, buscamos apresentar um panorama claro sobre as esferas de atuação em que as mudanças se mostram de modo mais efetivo, com o objetivo de, por fim, disponibilizar ferramentas com as quais é possível familiarizar-se com o atual cenário.

O intuito desta obra não é configurar-se como um manual prático de jornalismo – no sentido de que não se sustenta simplesmente em uma proposta de "como fazer", o que traria uma perspectiva mais mecanicista da profissão –, mas revelar nuances dessas novidades de maneira a possibilitar que se conheça de forma crítica o mercado de trabalho nessa área.

Para atingir tais objetivos, o livro está organizado em cinco capítulos, cada um deles voltado a uma discussão específica acerca de eixos do novo cenário que atualmente alguns autores, como Anderson, Bell e Shirky (2013), chamam de *jornalismo pós-industrial*, no qual novos atores se inserem como vozes de interesse jornalístico. Se antigamente havia poucas (e grandes) empresas que produziam relatos noticiosos, hoje esse horizonte é fragmentado, pulverizado. Nesse sentido, cada seção aborda um viés desse contexto.

O capítulo inicial traz uma perspectiva mais abrangente das mudanças, tomando como base uma análise do atual perfil dos jornalistas brasileiros. Essa reflexão se dá por meio de uma importante pesquisa, realizada pela Universidade Federal de Santa Catarina (UFSC), na qual se procurou mapear elementos específicos presentes no mercado e seus nichos de atuação. Após esse diagnóstico, apresentamos uma leitura das modificações mais evidentes nas instituições jornalísticas considerando a realidade que se delineia no presente, mas também sinalizando os cenários que ainda estão por se instalar de forma mais efetiva.

Abordamos, no segundo capítulo, o conceito de *jornalismo pós-industrial*, no intuito de organizar as alterações observadas nesse novo ambiente no que diz respeito aos formatos, métodos e técnicas priorizados pela profissão. Assim, pretendemos que você, leitor, fique familiarizado com as características do atual cenário, bem como que possa reconhecer, sob uma perspectiva mais analítica, as demandas das instituições e dos profissionais.

No terceiro capítulo, adentramos as especificidades de alguns ramos e modalidades valorizadas atualmente na profissão. Apresentamos, então, quatro principais especialidades da área: o jornalismo investigativo, o jornalismo realizado com o uso de base de dados, o jornalismo independente e o jornalismo cooperativo. Como você pode notar, não se trata de segmentos exatamente novos (uma vez que o jornalismo investigativo se relaciona à própria origem da profissão, e o jornalismo cooperativo já foi mais comum em outras épocas), mas de formas de atuação na área que se potencializam no cenário atual, tendo em vista as características contemporâneas do ofício.

No quarto capítulo, seguimos a mesma abordagem, mas, no lugar das especialidades jornalísticas em ascensão, discutimos tendências na produção de conteúdo. Refletimos sobre uma mudança fundamental no jornalismo e no campo da comunicação como um todo: o fato de que hoje os profissionais perderam o relativo monopólio que tinham sobre a informação. Vivemos em tempos em que todos têm a possibilidade de produzir algum tipo de relato acerca do mundo, porém, ao contrário do que se poderia pensar, isso não desvaloriza o papel do jornalista, mas força-o a repensar sua função. Por essa razão, nesse penúltimo capítulo do livro, apresentamos um pequeno manual, de cunho prático, cujo objetivo é mostrar como um profissional da área pode aproveitar as contribuições enviadas pela população da melhor forma possível.

Por fim, o quinto e último capítulo é francamente voltado ao futuro: buscamos indicar as posturas que podem ser adotadas para enfrentar esse novo panorama. Para isso, propomos uma reflexão sobre o futuro dos jornais impressos, temática bastante urgente, mesmo que a intenção não seja ofertar diagnósticos definitivos. Na sequência, examinamos os desafios e as oportunidades desse cenário, bem como os novos modelos de negócio experimentados pelas instituições jornalísticas. Com isso, esperamos inspirar novos projetos e suscitar o espírito empreendedor entre os leitores deste livro.

Cada capítulo se encerra com indicações culturais para que você possa estender sua experiência no estudo da temática abordada, ampliando sua formação. Há ainda atividades de autoavaliação, com as quais pode testar a compreensão de cada tema, e questões para reflexão, que propõem uma análise mais profunda a respeito da vivência e da aplicabilidade do que foi discutido.

Esperamos que esta obra conspire para a formação de novos jornalistas propensos a oxigenar essa profissão tão imprescindível à sociedade.

Como aproveitar ao máximo este livro

Este livro traz alguns recursos que visam enriquecer seu aprendizado, facilitar a compreensão dos conteúdos e tornar a leitura mais dinâmica. São ferramentas projetadas de acordo com a natureza dos temas que vamos examinar. Veja a seguir como esses recursos se encontram distribuídos no decorrer desta obra.

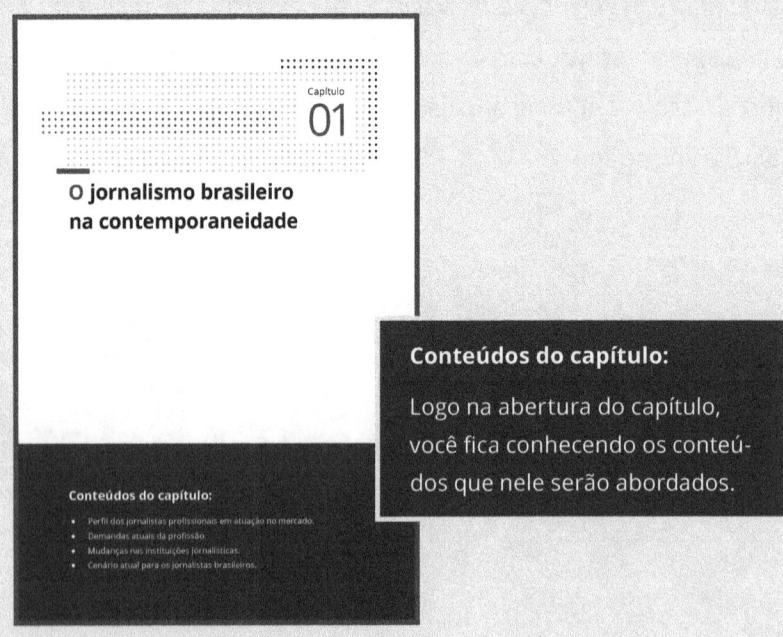

Conteúdos do capítulo:
Logo na abertura do capítulo, você fica conhecendo os conteúdos que nele serão abordados.

O jornalismo brasileiro na contemporaneidade

É importante lembrar ainda que sempre deve ser ofertado ao público um manual de uso daquele conteúdo, pois há o risco de perdê-lo caso não se consiga manejar com facilidade a ferramenta.

Síntese

Neste primeiro capítulo, examinamos as atuais condições do mercado de trabalho para os jornalistas brasileiros. Primeiramente, analisamos o perfil do profissional que hoje atua na área, tomando como base os dados compilados pela importante pesquisa organizada pela UFSC (Mick; Lima, 2013).

Após essa reflexão, apresentamos algumas constatações relevantes sobre esse profissional: predominantemente jovem, branco, formado em instituições de ensino superior, sobretudo nas particulares; além disso, hoje há mais mulheres que homens no campo de trabalho, embora elas recebam salários menores. Os jornalistas brasileiros também são pouco afeitos às organizações de classe, como os sindicatos, e ainda têm pouco espírito empreendedor, já que poucos são donos de empresas. A maioria trabalha em apenas um local, embora haja muitos *freelancers*, especialmente em assessorias de imprensa. A rotatividade nos postos de trabalho é razoavelmente alta – a maior parte dos profissionais está no mesmo emprego há no máximo três anos.

Síntese

Você dispõe, ao final do capítulo, de uma síntese que traz os principais conceitos nele abordados.

viabilizar o trabalho em rede e o propósito de os próprios jornalistas unirem forças e fundarem as próprias instituições.

Para saber mais

GARCIA, R.; ROSA, M. J. V.; BARBOSA, L. **Que número é este?** Um guia sobre estatísticas para jornalistas. Lisboa: Fundação Francisco Manuel dos Santos, 2017. Disponível em: <https://www.ffms.pt/FileDownload/f7fe173e-bfb2-46d1-8db7-3333fc420989/que-numero-e-este>. Acesso em: 31 out. 2017.

Lançado na forma de *e-book*, o livro funciona como um guia básico para auxiliar jornalistas na interpretação de números e estatísticas, trazendo maior segurança ao trabalho feito com o uso de dados.

O SOL: caminhando contra o vento. Direção: Tetê Moraes. Brasil, 2006. 95 min.

O documentário conta a história do jornal *O Sol*, importante periódico da imprensa alternativa produzido durante a época da ditadura militar no Brasil (sua publicação durou apenas seis meses). Tinha como proposta a criação de um veículo independente, desatrelado da visão associada à mídia hegemônica. O jornal ficou eternizado na música "Alegria, alegria", de Caetano Veloso, nos versos: "O Sol nas bancas de revista/me enche de alegria e preguiça/quem lê tanta notícia?". Entre os intelectuais que

Para saber mais

Você pode consultar as obras indicadas nesta seção para aprofundar sua aprendizagem.

Perguntas & respostas

Nesta seção, o autor responde a dúvidas frequentes relacionadas aos conteúdos do capítulo.

Questões para revisão

Com estas atividades, você tem a possibilidade de rever os principais conceitos analisados. Ao final do livro, a autora disponibiliza as respostas às questões, a fim de que você possa verificar como está sua aprendizagem.

O MERCADO de notícias. Direção: Jorge Furtado. Brasil, 2014. 94 min.

O documentário do cineasta gaúcho Jorge Furtado é um verdadeiro tratado sobre a atual situação do jornalismo no Brasil. Para construir uma reflexão bastante sólida sobre a profissão, são entrevistados treze jornalistas de renome – entre eles, Bob Fernandes, Fernando Rodrigues, Janio de Freitas, José Roberto de Toledo, Mino Carta, Renata LoPrete e Geneton Moraes Neto. Trata-se de uma chance rara de conhecer os meandros do ofício no Brasil e ouvir opiniões e análises abalizadas.

Perguntas & respostas

Por que é importante haver diversidade no perfil dos profissionais que exercem o ofício do jornalismo?

Para refletir sobre a questão, é preciso lembrar que o jornalismo constrói uma realidade baseada naquilo que escolhe publicar (ou, por outro lado, deixa de publicar). Portanto, é inevitavelmente condicionado à visão de mundo dos profissionais que o produzem. Se todos os jornalistas tiverem o mesmo perfil – por exemplo, se forem todos homens, brancos, de classe média –, é bastante provável que o recorte sobre a realidade de suas matérias seja muito semelhante, condenando os temas de interesse de boa parte da população à invisibilidade. Por isso, a diversidade é essencial para o bom exercício da profissão.

Questões para revisão

1. Levando em consideração o perfil dos jornalistas brasileiros identificado pela pesquisa feita na Universidade Federal de Santa Catarina (UFSC) no ano de 2012, analise as seguintes afirmações:
   I) Podemos dizer que hoje o jornalismo é um ofício exercido sobretudo por profissionais jovens.
   II) A maioria dos jornalistas brasileiros ainda não tem a internet como centro de seu trabalho.
   III) Os dados demográficos dos jornalistas em atuação no Brasil são condizentes com a realidade da população brasileira em geral.
   IV) As mulheres estão em maior número na profissão, mas em geral recebem salários menores que os homens.

   Estão corretas apenas as afirmações:
   a) I e II.
   b) II e III.
   c) II e IV.
   d) I e IV.
   e) Todas estão corretas.

5. Neste capítulo, abordaremos o conceito de *interatividade*. Segundo Alejandro Rost (2014), o que seria a chamada *interatividade comunicativa*?

Questão para reflexão

Neste capítulo, examinarmos uma das questões fundamentais da atual configuração da profissão: os jornalistas recebem contribuições da população por meio de conteúdos enviados espontaneamente (vídeos, pautas, ideias de fonte, informações de primeira mão etc.). Isso traz benefícios, mas também riscos à qualidade da produção jornalística. Pensando nisso, faça o seguinte exercício de reflexão: imagine que você é um jornalista e recebeu, via WhastApp, um vídeo que exibe um assassinato. O que você pretende fazer com esse vídeo? Vai utilizá-lo ou não? Se decidir (ou não) veiculá-lo, quais serão suas ações? Pondere sobre todos os procedimentos que deve adotar no caso de veiculação desse conteúdo.

Questões para reflexão

Nesta seção, a proposta é levá--lo a refletir criticamente sobre alguns assuntos e trocar ideias e experiências com seus pares.

Estudo de caso

Ao longo desta obra, discorremos sobre as mudanças atualmente enfrentadas pelo jornalismo. Por um lado, elas podem servir de inspiração às instituições tradicionais para que repensem seu funcionamento e, por outro, podem motivar o surgimento de novas instituições já adaptadas ao atual momento da profissão.

Um desses novos veículos é o jornal *Nexo*, uma empresa de jornalismo digital fundada em 2015 por três profissionais de formação interdisciplinar (uma cientista social, uma engenheira e um jornalista) que, juntos, formaram um veículo que hoje reúne cerca de 30 pessoas. A proposta do *Nexo* se situa na lógica do jornalismo independente, pois está desatrelado das premissas das empresas tradicionais, como a renda provinda de anúncios (o jornal, aliás, não abre espaço para a publicidade do Poder Público, no intuito de garantir sua liberdade). Outra característica ligada ao trabalho independente diz respeito ao ineditismo de sua linha editorial, uma proposta de *slow journalism*, ou seja, de jornalismo em profundidade, a ser produzido e consumido com calma e reflexividade – no lugar da lógica fugaz do imediatismo de parte da mídia digital atual. O veículo se assume como menos factual (ou seja, constituído de notícias extremamente atuais e que "expiram"

Estudo de caso

Esta seção traz ao seu conhecimento situações que vão aproximar os conteúdos estudados de sua prática profissional.

Capítulo

01

O jornalismo brasileiro na contemporaneidade

Conteúdos do capítulo:

- Perfil dos jornalistas profissionais em atuação no mercado.
- Demandas atuais da profissão.
- Mudanças nas instituições jornalísticas.
- Cenário atual para os jornalistas brasileiros.

Neste primeiro capítulo, apresentaremos uma análise inicial do perfil dos jornalistas que atuam hoje no mercado de trabalho brasileiro. Além disso, examinaremos as tendências da profissão sinalizadas por esse perfil, considerando que compreender as especificidades daquele que exerce o ofício é importante para o entendimento acerca das nuances do jornalismo realizado hoje no país.

Com base nessa análise, na sequência, refletiremos sobre como esse perfil já resultou em mudanças no contexto das empresas de comunicação. Ao fim da leitura do capítulo, você terá uma compreensão sobre as áreas do jornalismo em que os profissionais mais atuam hoje, as aptidões que se esperam deles e as habilidades e competências em cujo desenvolvimento vale a pena investir.

1.1
Novos perfis dos jornalistas brasileiros

O jornalismo é uma profissão que se caracteriza por ser mutável. Por um lado, há capacidades, valores e competências que jamais mudam e que devem ser inerentes a todos os profissionais, como a honestidade, a curiosidade, a habilidade no cultivo de fontes de informação e a capacidade de separar suas próprias impressões dos relatos que produzem. Por outro, talvez não haja outro ofício que demande tanta atualização, pela simples razão de que é uma profissão que está inevitavelmente atrelada aos movimentos que ocorrem no mundo. Desse modo, os jornalistas devem manter-se atentos à realidade atual em seus aspectos sociais, econômicos, tecnológicos e culturais, de modo a permanecer em constante renovação de suas práticas.

Portanto, o jornalista que hoje desempenha essa função no mercado de trabalho não tem exatamente as mesmas características daquele que a desempenhava há algumas décadas. Historicamente, estabeleceram-se alguns marcos, como a profissionalização do ofício, ocorrida a partir da criação do primeiro curso de Jornalismo no país, na Faculdade de Comunicação Social Cásper Líbero, no ano de 1947. Com isso, vislumbrou-se um caminho para a modernização da profissão, que aos poucos foi perdendo seu caráter artesanal e precário. Outro marco importante foi a queda da obrigatoriedade do diploma para o exercício do ofício, votada no Supremo Tribunal Federal em 2009, o que representou um retrocesso para a profissão, que havia sido regulamentada em 1969.

Diante desse cenário, podemos então nos perguntar: Como é esse profissional que está atuando e construindo o mercado nos dias de hoje? Para refletirmos sobre essa questão, é importante considerarmos os resultados de uma pesquisa de âmbito nacional desenvolvida pela Universidade Federal de Santa Catarina (UFSC), em 2012, em que foram obtidas 2.371 respostas ao questionário aplicado no contexto da investigação, analisadas por Mick e Lima (2013).

Segundo essa averiguação, há cerca de 145 mil jornalistas atuando no país (Pontes, 2017). Com o mapeamento desses profissionais feito com base na amostra verificada por Mick e Lima (2013), é possível delinear, com razoável precisão, o perfil do jornalista brasileiro, o qual compreende, entre outros elementos, as seguintes características demográficas, culturais e políticas:

- Os jornalistas brasileiros são jovens – 59% estão na faixa entre 18 e 30 anos.
- Há mais mulheres (63,7%) que homens (36,3%) entre os profissionais.
- São prioritariamente brancos – 72,2% assim se declaram, o que torna a categoria notoriamente distinta do perfil da população brasileira em geral, na qual 47,7% consideram-se brancos (IBGE, 2011).
- Apesar da queda da obrigatoriedade do diploma para o exercício do jornalismo, nove entre dez jornalistas atuantes no mercado são formados em instituições de ensino superior.
- Apenas 25,2% desses profissionais estão filiados a sindicatos.
- Politicamente, 49,1% dos jornalistas declaram assumir um posicionamento de esquerda.

- 60,8% cursaram sua graduação em instituições de ensino superior privadas.
- 76,3% fizeram estágios na área antes de concluir seus cursos.
- Dos jornalistas formados, 75,6% trabalham na profissão; 17% já trabalharam, mas mudaram de área; e 7,3% nunca exerceram o ofício.

Vamos então filtrar os dados indicados por essa pesquisa para analisá-los com maior profundidade. Se considerarmos apenas os profissionais atuantes na área, observaremos que a pesquisa traz algumas constatações interessantes:

- 66,3% dos profissionais contam com apenas um emprego ou fonte de renda; 20,6% têm dois empregos; e 6,8% apresentam fontes diversas, atuando sobretudo como *freelancers*.
- Essa categoria profissional que atua hoje no mercado, em sua maioria, é formada por jornalistas com até dez anos de carreira (74,2%), o que reitera a visão de que é um ofício exercido por jovens.
- A remuneração dos profissionais está claramente atrelada à idade – a maioria (95,7%) dos jornalistas jovens (até 30 anos) recebe até cinco salários mínimos, sendo que a média salarial de todos profissionais é de cinco a dez salários mínimos.

- Mesmo sendo maioria, as mulheres continuam recebendo menos na profissão, reproduzindo uma realidade geral do mercado de trabalho – o que pode significar que elas são mais presentes no mercado, mas desempenham funções hierarquicamente inferiores nas redações.
- No que diz respeito às funções profissionais, 54,5% desses profissionais atuam nas mídias (veículos, emissoras, empresas e todos os tipos de meios de comunicação que produzem conteúdos jornalísticos); 33,6% trabalham exclusivamente fora da mídia (funções ligadas à assessoria de imprensa); 4% são exclusivamente docentes. Em resumo, estipula-se, em média, que, de cada dez jornalistas, um trabalha como professor, quatro trabalham fora da mídia e cinco, principalmente na mídia (o número não soma 100%, pois há aqueles que atuam simultaneamente em duas ou três áreas).
- Os que atuam fora da mídia (em assessorias de comunicação ou outras funções que requerem conhecimento jornalístico) têm níveis de escolaridade mais altos (sobretudo com pós-graduação).
- Entre os jornalistas que trabalham nas mídias, há mais *free-lancers* do que entre os que atuam em funções de assessoria de imprensa.

- Apenas 3,8% dos jornalistas que atuam nas mídias se declaram também como empresários, ou seja, donos ou chefes dos meios de produção.
- 53,9% dos profissionais estão no emprego atual há no máximo três anos.
- 51,5% atuam em atividades ligadas à internet, mas há uma forte tendência (63,9%) de um trabalho combinado em mídia *on-line* e *off-line* (mídias clássicas como jornais e revistas), reforçando a ideia de que os jornalistas atuam hoje em um cenário de convergência.
- Considerando-se apenas os que atuam no setor privado, 46,6% trabalham em micro ou pequenas empresas.

Fonte: Elaborado com base em Mick; Lima, 2013.

Analisando os dados levantados pela extensa pesquisa e esmiuçados pelos autores, podemos ponderar sobre qual é o perfil desse profissional em atuação hoje no mercado de trabalho e quais são as demandas requisitadas para o futuro. Os resultados são consonantes aos observados por outros pesquisadores. Para Pontes (2017, p. 6), é possível definir o jornalista brasileiro como uma "categoria eminentemente jovem, branca, solteira, com alta escolaridade (90% da categoria são graduadas [mulheres, em sua maioria] em curso de Jornalismo) e baixas taxas de participação política". O estudo da pesquisadora Roseli Fígaro (citada por Fernandes, 2013), por sua vez, constatou, nas últimas décadas, uma mudança de perfil, passando de uma geração formada prioritariamente por homens sindicalizados para uma maioria de mulheres, não sindicalizadas e com frágil formação política.

Os dados levantados pela pesquisa de Mick e Lima (2013) são vastos e podem render diversas interpretações. Vamos, portanto, à análise, que organizamos de acordo com os itens destacados na sequência.

> a) Os dados demográficos dos profissionais em atuação no mercado revelam que o jornalismo é um ofício exercido sobretudo por jovens (uma vez que 59% dos respondentes se situam em uma faixa de até 30 anos). Obviamente, algumas hipóteses devem ser consideradas – é sempre possível pensar que talvez jornalistas mais antigos, menos afeitos às ferramentas digitais, não tenham participado da pesquisa. Não obstante, isso não deslegitima o dado estatístico: a profissão está hoje prioritariamente nas mãos de trabalhadores jovens.

A presença de jovens no mercado pode ser explicada, em parte, pelo aumento dos cursos de Jornalismo no país e pela baixa permanência dos profissionais na área (Pontes, 2017). Podemos verificar que a existência massiva de jovens nas empresas jornalísticas revela uma alta rotatividade dentro das instituições. Isso ocorre tanto por questões salariais quanto pelo perfil de atuação desses novos profissionais. Formados em um ambiente regido pela convergência de mídias – ou seja, em um cenário em que nem os veículos de comunicação nem os trabalhadores que os manejam podem ser pensados de forma isolada, como produtores de um único tipo de conteúdo ou narrativa –, os novos jornalistas já chegam ao mercado com uma perspectiva de atuação mais múltipla, multifacetada.

Isso é positivo ou negativo? O fenômeno requer uma análise complexa. Um dos aspectos negativos da juvenilização do trabalho (que também, convém lembrar, é uma realidade de várias outras profissões) é que muitos dos jornalistas em atuação no mercado carecem de um repertório mais aprofundado acerca do mundo – um dos principais requisitos para um exercício diferenciado do ofício. Uma vez que grande parte deles é muito jovem, destacam-se aqueles que, desde cedo, têm *expertises* mais sofisticadas, como um *background* mais completo, o qual lhes possibilite fazer uma leitura mais complexa dos intrincados fatos do mundo – o que é, sem dúvida, algo que faz a diferença em um cenário em que a informação (não necessariamente de qualidade) é abundante.

Em contrapartida, as novas gerações têm em sua essência maior maleabilidade no manejo de ferramentas tecnológicas, o que faz com que se destaquem em um panorama no qual o jornalismo é pensado de forma multimidiática, em múltiplas linguagens. Cada vez mais, os jornalistas precisam conciliar diversas demandas: a qualidade dos conteúdos que apuram, mantendo em foco os parâmetros essenciais para o bom exercício da profissão (exatidão de informações, pluralidade de fontes, atenção aos princípios éticos etc.), e a maior atratividade das narrativas, para que esses conteúdos cheguem ao seu público. Por essa razão, nos dias de hoje, os jornalistas não trabalham de forma isolada – precisam conjugar suas *expertises* com as de vários outros profissionais, como programadores, estatísticos, *designers* e publicitários.

Outro possível aspecto relacionado à inexperiência é uma maior tendência a adaptar-se aos aspectos ideológicos das empresas jornalísticas, o que, certamente, é fator considerado positivo para as instituições contratantes, pois assim conseguem ter funcionários mais "passivos" às suas demandas, às suas visões de mundo e mesmo às flexibilizações éticas do exercício profissional. Além disso, a inexistência de uma participação mais ativa em associações de jornalistas (como sindicatos, mas não apenas eles) colabora para certa precariedade na atuação dos jornalistas muito jovens.

É preciso lembrar sempre que, no atual cenário profissional, pessoas são sempre mais importantes que organizações. Em outras palavras, vivemos hoje em um momento no qual todo jornalista trabalha, antes de tudo, para si mesmo e, por isso, sua reputação é seu maior bem profissional, a ser preservado a todo custo. Assim, o jornalista deve sempre investir primeiro em si mesmo, nas formas e nas estratégias que vai empregar para a consolidação do melhor trabalho possível que pode oferecer, pois seu nome é sua principal e mais importante ferramenta de trabalho.

> b) A presença das mulheres no mercado de trabalho jornalístico é um dado que reflete uma realidade do ensino superior brasileiro; os dados demográficos raciais (a baixa quantidade de jornalistas negros), por sua vez, contradizem o retrato feito da população brasileira pelo Instituto Brasileiro de Geografia e Estatística (IBGE).

Os dados são relevantes, pois podem trazer pistas sobre o perfil dos profissionais que hoje são responsáveis por levar a informação, em suas diversas nuances, à população. Atualmente, de cada três jornalistas brasileiros, dois são do gênero feminino (Pontes, 2017). Ou seja, passamos de uma profissão majoritariamente masculina para um ofício exercido também – e principalmente – por mulheres, o que certamente impacta a forma e a abordagem dada a certos assuntos. Como confirma o experiente repórter José Hamilton Ribeiro, até há algumas décadas, as redações não eram ambientes para mulheres.

> As empresas jornalísticas eram pensadas e construídas como ambiente de sauna brega: só para homem. Nem havia banheiro feminino. No Estadão, à noite, quando fervia o trabalho jornalístico, as mulheres não eram aceitas nem na mesa telefônica. Havia mulheres como telefonistas, mas só durante o dia. À noite, um homem é que operava. Mulher podia ser telefonista, faxineira ou servia para fazer o café: circulava na área de serviço. (Ribeiro, 1998, p. 31)

Em sua fala, Ribeiro aponta um momento histórico em que poderíamos pensar em um jornalismo pré-industrial, formado sobretudo por jornalistas sem formação superior, em relações marcadas ainda pela pessoalidade, o que favorecia a ideia de que seria um ofício essencialmente masculino. O trabalho feminino começou a crescer timidamente a partir dos anos 1960, com o início de muitos cursos de ensino superior (Souza, 2009) e aumentou gradativamente na mesma proporção em que as políticas de expansão do ensino superior também facilitaram o acesso às graduações. Não obstante, os demais fatores de desigualdade entre gêneros também se reproduzem no contexto jornalístico: ainda que as mulheres sejam em maior número, elas continuam recebendo menos, e a principal razão para isso é que há menos mulheres ocupando cargos hierarquicamente superiores, com salários mais altos.

Tal cenário, no entanto, tende a se reconfigurar com o aumento do jornalismo independente e dos grupos comunicacionais vinculados à abordagem de certas temáticas, como o Think Olga, projeto jornalístico feminista que tem como objetivo "criar conteúdo que reflita a complexidade das mulheres e as trate com a seriedade que pessoas capazes de definir os rumos do mundo merecem" (Olga, 2017a). Grupos como esse têm como missão monitorar a abordagem sobre temas vinculados a grupos que, mesmo majoritários, seguem vítimas de representações estigmatizantes nos meios de comunicação. O Think Olga, por exemplo, disponibiliza em sua página um pequeno manual de jornalismo humanizado, na tentativa de qualificar reportagens acerca de temas relacionados à mulher, ao racismo e às pessoas com deficiência. Além disso, oferta aos jornalistas um banco de fontes de mulheres, na expectativa de tratar adequadamente de um fato preocupante: ainda que 51,4% da população brasileira seja de mulheres, elas caracterizam apenas 25% das fontes ouvidas por jornalistas (Olga, 2017b).

E por que a diversidade (de gênero, de raças, de classes sociais) é tão importante no jornalismo? A resposta é bastante óbvia: o jornalismo tem como uma de suas principais responsabilidades o fato de, em certa medida, determinar os vieses pelos quais a população enxergará o mundo real. Por trás de uma pretensa ideia de transparência – ou seja, a de que o jornalismo é capaz de retratar o fato tal qual ele é, como um espelho –, concretizam-se narrativas que, muitas vezes, fazem circular visões distorcidas ou, pior, preconceituosas. Em outras palavras, se o jornalismo for praticado apenas por pessoas de um mesmo perfil demográfico (por exemplo, por homens brancos heterossexuais), é bastante provável que as notícias publicadas carreguem (mesmo que de forma inconsciente por parte de seus autores) olhares discriminatórios sobre outros grupos, como as mulheres, os negros, os imigrantes, os *gays*.

Por isso, o jornalismo não deve ser feito por pessoas atreladas a uma única visão de mundo – referimo-nos às chamadas *ideologias* que, de tão introjetadas, não conseguem ser reconhecidas como visões parciais. Ou seja, se todos os repórteres de um jornal forem membros de uma mesma classe média alta, é bem possível (não é certo, mas provável) que as visões disseminadas por seus textos carreguem certo olhar parecido sobre o mundo, desconsiderando-se (mesmo sem perceber) outros ângulos. E vale sempre lembrar que o jornalismo é um serviço de natureza pública, submetido às demandas e às necessidades de toda a população: ricos e pobres, indivíduos de todos os gêneros e todas as raças, brasileiros e imigrantes etc.

Assim, a baixa presença de negros entre os jornalistas brasileiros – espelhando a própria realidade do ensino superior no Brasil, na qual sua incidência é ainda baixa – é um dado preocupante, uma vez que corrobora a falta de pluralidade de visões de mundo e uma postura menos vigilante acerca das abordagens de interesse não apenas desse grupo, mas de vários outros (por exemplo, a existência de poucos jornalistas com deficiências, algo não mapeado pela pesquisa da UFSC). Nesse sentido, um novo perfil desejável seria o de profissionais mais plurais, com trajetórias de vida, heranças raciais e bagagens culturais mais diversas – o que direciona a atenção às políticas de inclusão social e educacional.

> c) Os jornalistas dependem hoje da internet: 51,5% declaram que atuam em atividades ligadas à internet, e 63,9% afirmam que seu trabalho hoje combina a atuação em mídia *on-line* e *off-line* (o que engloba veículos tradicionais, como jornais e revistas).

Os dados são claros e indicam algo que será examinado ao longo deste livro: os veículos de comunicação tradicionais mantêm sua posição histórica, porém meios outrora tidos como fundamentais, como o jornal impresso, não podem mais ser apontados como pilares centrais do jornalismo, conforme ocorria em outras épocas.

Nas Diretrizes Curriculares Nacionais para o Curso de Jornalismo publicadas em 2013 pelo Ministério da Educação, encontra-se a determinação de que os currículos tenham "**como horizonte profissional** o ambiente regido pela convergência tecnológica, onde o impresso não seja a espinha dorsal do espaço de trabalho nem dite as referências da profissão, embora conserve a sua importância no conjunto midiático" (Brasil, 2009, grifo do original). Ainda que se considere a centralidade histórica do veículo impresso (relacionando-se com o próprio conceito de *imprensa* na condição de termo aglutinante de toda atividade jornalística), é necessário, desde a formação profissional, atentar às especificidades do ambiente *on-line*, mesmo quando vinculado a um veículo tradicional.

Isso se evidencia com clareza nos resultados da pesquisa e revela um requisito fundamental do perfil do jornalista atuante no mercado de trabalho: ele precisa estar atualizado com as mais novas demandas do fazer jornalístico, sabendo produzir textos adequados às redes digitais, manejando ferramentas de vídeo e áudio, pensando na arquitetura da informação a ser fornecida para o público, na produção estratégica para dispositivos móveis etc.

> d) A pesquisa ainda aponta três dados interessantes acerca do panorama atual e futuro das funções exercidas por jornalistas: quase 40% dos profissionais trabalham fora dos papéis tradicionais nas mídias; há ainda um baixíssimo número de jornalistas empresários (3,8% dos que atuam nas mídias); completa essas informações o dado relevante de que 46,6% trabalham em pequenas e médias empresas.

Será esse o jornalista requisitado pelo mercado? O que compreende a produção profissional como algo que vai além da criação de notícias – que esteja atrelado à fabricação de conteúdo de natureza jornalística, mas não apenas a ele, e também, por exemplo, às formas de distribuí-lo, negociá-lo, viabilizá-lo? Ressaltamos aqui algo comentado desde o início deste livro: neste momento de superoferta da informação, os jornalistas não perdem suas funções, mas adquirem novas; muitas vezes, elas dizem respeito às formas de agregar leitores interessados nos conteúdos já produzidos pelos veículos.

Nesse cenário da profissão, observa-se também um aumento considerável das assessorias de comunicação, o que, por um lado, significa a geração de postos de trabalho para profissionais da área, mas, por outro, pode acarretar certa desorganização das funções jornalísticas, uma vez que o trabalho investigativo é enfraquecido e é estabelecida uma concorrência acirrada entre os veículos em busca de altas quantidades de acesso em relação a conteúdos favoráveis a seus clientes. É isso que Pontes (2017, p. 3) atesta em sua análise das características desse mercado:

> A crescente profissionalização de fontes e assessorias de comunicação, por outro lado, resulta em veículos e canais próprios dos assessorados, situação em que as e os jornalistas perdem parte de sua capacidade de filtro e mediação. Além disso, esta categoria profissional não detém o controle pleno da atividade, resultado da intervenção de outros agentes na definição do que deve ser notícia. A desestabilização econômica dos veículos tradicionais de mídia e a perda de credibilidade dos jornais perpassam a atividade jornalística de produção e reprodução de conteúdos, relegando a apuração, checagem e seleção à demanda por clicagens, ao interesse estereotipado e à embalagem mercadológica.

Outra informação importante é que há ainda poucos jornalistas empresários e muitos profissionais (46,6%) trabalhando em pequenas e médias empresas. Conforme mostraremos mais adiante, hoje vivenciamos um cenário de jornalismo pós-industrial, em que não é mais possível pensar em um ofício concretizado apenas em grandes empresas estabelecidas. Isso significa que a comunicação provém de diversos lugares e agentes, como dos próprios cidadãos e de empresas menores, que estão experimentando novas formas de sustentar o negócio, além de atender a demandas voltadas a nichos. Ademais, hoje é possível perceber no Brasil a expansão de veículos de natureza independente, que têm buscado alternativas de financiamento para produzir uma informação mais transparente e ética, desatrelada de interesses de grandes empresas ou de amarras com anunciantes.

Ou seja, há todo um cenário possível de novas pequenas empresas jornalísticas que ainda pode ser explorado. Isso diz respeito a assessorias de comunicação, portais jornalísticos, consultorias, canais independentes etc. O fato de que ainda há poucos jornalistas empresários parece evidenciar dois fatores: de um lado, a defasagem na formação na área para questões voltadas ao empreendedorismo e ao funcionamento do mundo dos negócios e, de outro, uma imaturidade para compreender as mudanças nos modelos das empresas de comunicação, muitas delas ainda tateando na descoberta desses modos de financiamento.

1.2
De que tipo de jornalista o mercado precisa?

Diante de todas as questões examinadas, fica claro que os jornalistas que adentram hoje o mercado de trabalho precisam estar atualizados quanto às novas demandas. O futuro não está para chegar, ele já está aí – e cabe a jornalistas formados e futuros profissionais a postura de se manterem atentos aos requisitos do mercado, procurando ajustar-se a eles.

Vejamos a seguir algumas das hipóteses já elencadas por diversos autores que analisam as novas práticas jornalísticas e as competências, as habilidades e o perfil desejados para esses profissionais:

- Parte das atividades cotidianas atualmente realizadas pelos jornalistas poderá, em breve, ser executada por máquinas que automatizarão tarefas tidas como simples. Isso suscitará reflexões acerca do **verdadeiro valor do trabalho jornalístico**, fazendo com que os profissionais repensem suas contribuições nas empresas de comunicação.
- Por consequência, certas características tenderão a ser valorizadas, como a credibilidade e o carisma do profissional, que manterá **relações mais próximas com o público** – uma vez que dependerá cada vez mais do nome que consolida individualmente. "O lugar ocupado pelo jornalismo no ecossistema tem a ver, portanto, com a humanização dos dados, não com o processo de mecanização" (Anderson; Bell; Shirky, 2013, p. 46). Pela mesma razão, cada jornalista deverá ser ainda mais zeloso desse bem precioso chamado *reputação*, e máculas em seu nome – como no caso de jornalistas que

cometem grandes erros, plagiam conteúdos, são desonestos – causarão perdas irreparáveis.

- **Novas competências e responsabilidades** serão requisitadas dos jornalistas. O crescimento no uso de dados públicos, um dos fortes caminhos a serem trilhados nas redações, exigirá maior comprometimento quanto à análise dessas informações. É importante lembrar que a reportagem feita com base em dados é relativamente mais barata (e por isso tende a ser valorizada em um cenário de crise) e ressalta exatamente a qualidade do jornalista que faz a investigação. Entre outros fatores, a qualidade do trabalho de manejo e interpretação de dados depende do repertório do profissional e do estabelecimento de uma boa rede de contatos especializados para conferir e validar os elementos da análise.

- Os jornalistas deverão não apenas ter capacidade de produção de informações, mas **competência para a gestão de projetos e o gerenciamento de negócios**. Isso não significa que todos esses profissionais terão empreendimentos próprios, mas que deverão saber lidar com outros aspectos da produção jornalística, para além da notícia em si. Isso se justifica pelo fato de que os produtos jornalísticos não poderão mais ser vistos de forma isolada, como unidades, e sim como um fluxo de diversas outras atividades. Os jornalistas terão de trabalhar de forma cada vez mais integrada com profissionais de outras áreas, como *designers*, economistas e programadores.

- Da mesma forma, o **caráter empreendedor** da profissão será valorizado. Os jornalistas deverão utilizar suas competências para pensar produtos inovadores, que não cabem nas redações atuais – especialmente no que diz respeito a formatos, linguagens, narrativas etc. "Seja qual for sua área de especialização, todo jornalista deve encarar a experimentação voltada à inovação como algo a praticar, e não simplesmente tolerar" (Anderson; Bell; Shirky, 2013, p. 47).

- No cenário atual, a afirmação (já meio desgastada) de que **o jornalismo é a arte de contar histórias** continua fazendo todo o sentido. A narrativa é, de fato, a base do ofício jornalístico. É um erro imaginar que as pessoas não se interessam mais por ler textos bem escritos – a sobrevivência há 11 anos da revista *Piauí*, constituída apenas por reportagens em profundidade, por exemplo, é uma prova do contrário. O desafio atual é entender como continuar contando bem as histórias, de formas interessantes e sedutoras, em múltiplas linguagens (como vídeo, texto, áudio ou todas elas juntas), e como conjugar uma narrativa atraente com um conteúdo relevante (muitos veículos estão cheios de narrativas deslumbrantes que, bem no fundo, não têm grande importância informativa).

- O **conhecimento especializado** continuará a ser um diferencial no currículo. Não basta saber elaborar conteúdos jornalísticos – é preciso ter uma *expertise* que ninguém tem ou que poucos têm. Há muitas áreas em que a informação é essencialmente complexa (como economia, relações internacionais, agronegócio) e não será suficiente ter um domínio superficial dos assuntos.

Na sequência, examinaremos especificamente as transformações que surgiram nos últimos anos no ambiente de trabalho e nas instituições.

1.3
Mudanças nas instituições

Na seção anterior, listamos as características necessárias para o jornalista que queira participar do atual mercado de trabalho. Obviamente, o cenário de mudanças e atualizações não requer adaptações urgentes apenas dos profissionais, mas também das próprias empresas de comunicação. Estas, portanto, são instigadas a refletir sobre a manutenção (ou não) de seu *modus operandi*, de forma a continuar sendo instituições viáveis – e pouquíssimas delas conseguirão sobreviver sem que haja alguma forma de reinvenção de suas atividades. Em outras palavras, "o futuro da indústria jornalística será decidido não por aquilo que será extinto [...] mas pelo modo como novas instituições passam a ser velhas e estáveis e como velhas instituições se tornam novas e flexíveis" (Anderson; Bell; Shirky, 2013, p. 56).

Mas, primeiramente, precisamos esclarecer o que, afinal, é uma instituição. Essa é uma questão importante em um momento histórico no qual a informação não é produzida apenas por empresas ou mesmo por profissionais, mas por todos. Assim, compactuamos com a noção trazida pelo economista Geoffrey M. Hodgson (citado por Anderson; Bell; Shirky, 2013, p. 56), que a define *instituição* como "um sistema de normas sociais estabelecidas e dominantes que estrutura interações sociais". Trata-se de complexos que organizam algum tipo de atividade humana, estáveis o suficiente para sobreviver com a entrada e a saída de pessoas.

A existência de uma instituição não se configura, necessariamente, pela proximidade física de seus membros e pela existência de uma sede material. É cada vez mais comum, por exemplo, que as novas instituições jornalísticas sejam compostas de pessoas que se encontram muito raramente de forma presencial e que não têm um espaço central (como uma redação) para a realização de suas atividades.

Nos tópicos a seguir, vamos examinar algumas das mudanças que já estão sendo observadas nas tradicionais e novas empresas jornalísticas.

∴ Valorização da participação do público

Rost (2014) destaca que as mídias têm o hábito de se apresentar como interativas, utilizando esse rótulo como uma espécie de ferramenta de autopromoção e sinônimo de participação cidadã. Devemos, de fato, entender a interatividade como uma capacidade do meio de comunicação de dar condições de poder aos seus usuários na seleção de conteúdo (a chamada *interatividade seletiva*) no que se refere às novas possibilidades de expressão, contribuição e comunicação com os veículos (o que Rost chama de *interatividade comunicativa*). Assim, definir algo como interativo implica "uma certa transferência de poder do meio para os seus leitores" (Rost, 2014, p. 55), um pressuposto necessário para a concretização dessa característica.

A interatividade da qual os veículos jornalísticos fazem uso costuma ser bastante controlada. Por essa razão, é preciso considerar a perspectiva de participação do público de forma crítica e menos ingênua – muitas vezes os veículos se definem como interativos sem necessariamente sê-los ou então sem tirar proveito de fato dos recursos proporcionados por essa condição.

O que se apresenta como uma tendência nos veículos jornalísticos – e é entendido por muitos empresários e pesquisadores como uma alternativa para obter maior lucratividade e mesmo garantir a sobrevivência das instituições – é um aumento da interatividade comunicativa, ou seja, a abertura de novos canais por meio dos quais as empresas de jornalismo recebem contribuições de diversos tipos vindas do público.

Esse é um caminho que traz aos jornalistas, simultaneamente, desafios e oportunidades. É a chance de expandir o alcance do noticiário: em alguma medida, é como se agora toda instituição tivesse braços em todos os lugares do mundo, com pessoas munidas de aparatos tecnológicos (como celulares e câmeras) e extremamente dispostas a enviar seus registros – quase sempre gratuitamente – aos veículos. Nenhuma instituição jornalística tem recursos humanos ou financeiros suficientes para estar perto de todas as notícias. Assim, agora existe a chance de aumentar exponencialmente o escopo daquilo que entrará em suas agendas.

Vale dizer que essa é uma mudança e tanto. Hoje as tecnologias estão acessíveis: os aparatos tecnológicos são de fácil manejo, e as formas de publicação do conteúdo pelos usuários (nas redes sociais, por exemplo) são extremamente simples. Além disso, a popularização do acesso às mídias – proporcionado, sobretudo, pelos processos de midiatização, ou seja, de uma vivência das linguagens midiáticas que ocorre cada vez mais cedo nas novas gerações – faz com que toda a população, em alguma medida, se sinta *expert* em comunicação. É quase como se todo o público, de certa forma, fosse também jornalista.

Isso traz, definitivamente, diversos desafios e responsabilidades para o profissional da comunicação. Talvez o mais importante seja o de "processar esse volume cada vez maior de conteúdo de forma jornalisticamente responsável e ética, hierarquizando, checando e verificando as informações" (Specht, 2017, p. 223). Ao contrário do que possa parecer à primeira vista, é um contexto em que o jornalista adquire mais importância. Quando todos comunicam, a probabilidade de que o resultado seja precário é bastante grande.

Lidar com tudo isso pode parecer simples, mas não é. Pense: um produtor de um noticiário jornalístico certamente receberá inúmeras contribuições (imagens, vídeos, palpites, comentários, pautas) vindas do público e precisará tomar decisões a curto prazo (lembre-se: o jornalismo é um ofício sempre regido pelo tempo e pela falta dele) para ver o que vale a pena ser publicado. As tentações serão muitas e as escolhas terão de ser ágeis. Digamos, por exemplo, que esse produtor receba um vídeo mostrando o flagrante de um assalto. As imagens são espetaculares, a ação é nítida e a emoção pulsa na tela. É preciso decidir rapidamente: o conteúdo entrará na agenda do jornal ou não?

Há várias questões que precisam ser levantadas e consideradas com uma agilidade que nem sempre se verifica na lida diária do jornalismo. Vamos à análise de algumas perguntas possíveis: Houve uma verificação do vídeo? Quem o fez? Qual é seu interesse quando envia o registro? O que garante ao jornalista que se trata, de fato, de um assalto (vale lembrar: a ideia de que uma imagem vale mais que mil palavras é uma falácia, ou seja, um raciocínio essencialmente ilógico; nada impede que alguém olhe as imagens e tire conclusões muito distantes do que de fato elas mostram)? A quem o vídeo prejudica (ou favorece) se veiculado? Digamos que se trata, realmente, de um assalto: Qual é a relevância jornalística ao se exibir a imagem? Em que medida ela informa algo que é de interesse público e não simplesmente traz um fato sem contextualização? Em que medida serve apenas para suscitar um sentimento coletivo de insegurança, fomentando o sensacionalismo?

∴ O poder do jornalista individual

Umas das consequências deste cenário de jornalismo pós-industrial é a valorização do trabalho individual de cada jornalista, o qual tem gradativamente mais responsabilidade pela preservação de seu maior bem profissional: o próprio nome, ou seja, sua reputação.

Isso não significa, é claro, que a sociedade deixa de necessitar de instituições jornalísticas fortes ou que todos os jornalistas virarão, eles mesmos, instituições independentes. São as empresas (antigas e novas, hegemônicas e independentes, remodeladas ou não) que propiciam as condições para que boa parte do trabalho consistente jornalístico continue sendo feito e continue encontrando condições de circulação massiva entre a população.

O que apontamos aqui é que o panorama da participação e da proximidade – possibilitadas, sobretudo, pelas mídias digitais – tem favorecido o reconhecimento individual do trabalho de cada jornalista, entre seus pares e entre o público. Assim, é possível afirmar que estamos testemunhando uma queda do capital simbólico das instituições consolidadas (uma vez que a população se sente cada vez menos representada por elas) e a transferência gradativa dessa reputação para os próprios jornalistas.

Por essa razão, um aspecto extremamente positivo da atual realidade do jornalismo é que se atribui a cada profissional da comunicação a incumbência da busca pela qualidade de seu trabalho. Um erro ou um mau exercício do ofício não se torna apenas encargo de uma instituição.

Há estudos que já reportam a formação de veículos jornalísticos por um só profissional. São pequenas instituições que se mantêm por meio de assinaturas recorrentes de leitores, como se fossem investidores do meio de comunicação. Uma das características desse modelo é o estabelecimento de uma relação mais pura e transparente entre o jornalista e seu público (Ingram, 2014).

Em 2017, houve um caso interessante relativo à força (e à responsabilidade) desse profissional no ofício de seu trabalho. O jornalista Diego Escosteguy, editor-chefe da revista *Época*, é um profissional com alto poder de influência, algo comprovável por sua lista de seguidores em redes sociais, como o Twitter[1]. Uma vez que dispõe de uma base grande de público em seu perfil individual, podemos dizer que Escosteguy é, em certa medida, um veículo próprio.

Pela mesma razão, sua responsabilidade como jornalista aumenta, uma vez que seu nome está associado diretamente à qualidade da informação que dissemina, provinda de sua experiência e de seu amplo leque de contatos, o que possibilita que ofereça informações em primeira mão aos seus leitores. Ocorre que os erros de verificação costumam ficar registrados na *web* e ser evidenciados a todo momento por esses mesmos leitores: foi o que aconteceu recentemente nos casos em que o jornalista afirmou que Donald Trump não se candidataria à presidência dos Estados Unidos e que Alexandre de Moraes não seria indicado pelo Presidente Michel Temer ao Supremo Tribunal Federal (a indicação foi divulgada no dia seguinte à postagem).

---

1 Disponível em: <https://twitter.com/diegoescosteguy>. Acesso em: 5 out. 2017.

∴ A importância dos dispositivos móveis no jornalismo

Outra questão extremamente relevante – e muito estudada por vários pesquisadores – é a crescente centralidade que os dispositivos móveis estão adquirindo no consumo de jornalismo. Cada vez mais, as pessoas recebem conteúdos noticiosos por meio de pequenos dispositivos, como *tablets* e *smartphones*.

Trata-se de uma realidade influenciada por diversos fatores, como o aumento do consumo de notícias por jovens e a popularização gradativa dessas ferramentas tecnológicas e do acesso à internet. Segundo dados da rede social Twitter, no Brasil, 65% da audiência desse microblog se dá por meio de um celular. Nos Estados Unidos, essa audiência é de 60%; na Inglaterra, de 80% (Costa, 2014).

Assim, é nítido que as instituições jornalísticas precisam encarar esse fato com seriedade e pensar com afinco nas estratégias que utilizarão para adaptar seus produtos ao consumo nesses dispositivos. Um erro recorrente é imaginar que a mera transposição de um mesmo *site* para outras telas seja suficiente. Na verdade, as notícias no celular são recebidas de maneira diferente, o que não se aplica apenas a seu formato: há uma série de novos protocolos de uso que devem ser vislumbrados nessa adaptação, como o fato de que as pessoas normalmente consomem informação por esse dispositivo enquanto fazem outra atividade.

Vejamos a seguir algumas tendências que devem ser consideradas na adaptação da produção jornalística para diferentes dispositivos móveis:

- **Especificidade de cada dispositivo**: um erro recorrente é produzir uma matéria da mesma forma para diferentes dispositivos. A disposição dos dados deverá ser diferente, por exemplo, se a matéria for vista em um *tablet*, celular, meio impresso ou *desktop*. Isso requer uma adaptação do fluxo de trabalho nas redações para que a produção seja viável.
- **Excesso de interatividade**: todos sabemos que *interatividade* é uma palavra-chave quando se pensa em disponibilização de conteúdos em ambiente *on-line*. Mas investir nessa ideia pode, por vezes, beirar o excessivo. Por isso, segundo Vieira (2017), é preciso sempre fazer esta reflexão: A matéria precisa realmente ser interativa ou apenas se está buscando um clique sem relevância? Como regra, é preferível investir menos no clique (que afasta o usuário da matéria) e mais no *scroll*, ou seja, em matérias que requisitam que o usuário utilize a barra de rolagem para acessar o conteúdo com mais profundidade[2].

---

2   Martin Stabe cita como exemplo desse uso da barra da rolagem (*scroll*) a matéria "The Depth of the Problem", publicada pelo *The Washington Post*. THE DEPTH of the Problem. *The Washington Post*, Apr. 2014. Disponível em: <https://www.washingtonpost.com/apps/g/page/world/the-depth-of-the-problem/931/>. Acesso em: 5 out. 2017.

- **Formatos vespertinos:** pesquisas mostram que o maior acesso a dispositivos móveis costuma ocorrer após às 17 horas, o que pode levar a crer que *tablets* e celulares são bastante propícios para leituras mais relaxantes, que ocorrem após uma intensa jornada de trabalho (Barsotti; Aguiar, 2013). Desse modo, os produtores de conteúdo para essas mídias também devem considerar esses fatores na hora de pensar as características das matérias e a lógica de sua circulação.

- **Lógica sensorial dos dispositivos:** da mesma forma, Barsotti e Aguiar (2013) destacam que o jornalismo feito para dispositivos móveis está centrado em uma espécie de lógica das sensações, isto é, não basta que a notícia seja lida, vista ou ouvida; ela precisa ser vivenciada, experimentada, sentida ao máximo, no limite das possibilidades trazidas pela tecnologia. Por isso mesmo, na produção dos conteúdos, deve-se considerar a interatividade como um processo complexo e múltiplo, e não singular. Isso significa ter em mente suas várias modalidades (como a interatividade com a máquina, com a própria publicação, com os produtores das mensagens, com outros usuários etc.), observando-se a necessidade de cada uma ser minuciosamente planejada pelos veículos. Quanto mais intensivo for o trabalho com os recursos interativos, mais ostensivas deverão ser as instruções de navegação.

É importante lembrar ainda que sempre deve ser ofertado ao público um manual de uso daquele conteúdo, pois há o risco de perdê-lo caso não se consiga manejar com facilidade a ferramenta.

Síntese

Neste primeiro capítulo, examinamos as atuais condições do mercado de trabalho para os jornalistas brasileiros. Primeiramente, analisamos o perfil do profissional que hoje atua na área, tomando como base os dados compilados pela importante pesquisa organizada pela UFSC (Mick; Lima, 2013).

Após essa reflexão, apresentamos algumas constatações relevantes sobre esse profissional: predominantemente jovem, branco, formado em instituições de ensino superior, sobretudo nas particulares; além disso, hoje há mais mulheres que homens no campo de trabalho, embora elas recebam salários menores. Os jornalistas brasileiros também são pouco afeitos às organizações de classe, como os sindicatos, e ainda têm pouco espírito empreendedor, já que poucos são donos de empresas. A maioria trabalha em apenas um local, embora haja muitos *freelancers*, especialmente em assessorias de imprensa. A rotatividade nos postos de trabalho é razoavelmente alta – a maior parte dos profissionais está no mesmo emprego há no máximo três anos.

Na sequência, descrevemos as capacidades e o perfil desejados no mercado profissional. Entre os aspectos considerados, destacamos o preparo do jornalista para trabalhar em múltiplas linguagens midiáticas; o caráter empreendedor, que será cada vez mais exigido – é preciso estar preparado para lidar com a complexidade do processo comunicativo; a capacidade de conectar-se diretamente com o público, estabelecendo relações de proximidade e, consequentemente, assumindo novas responsabilidades.

Analisadas as especificidades desse novo perfil, tratamos do espaço e do contexto nos quais essas características se manifestam, ou seja, as mudanças que já podem ser observadas nas instituições jornalísticas e as habilidades que começam a ser esperadas desses profissionais. Ao final deste capítulo, esperamos que você se sinta mais familiarizado com o atual ambiente de trabalho e tenha mais condições de preparar-se para enfrentá-lo, se for o caso.

Para saber mais

MICK, J.; LIMA, S. **Perfil do jornalista brasileiro**: características demográficas, políticas e do trabalho jornalístico em 2012. Florianópolis: Insular, 2013.

O ofício exercido pelos jornalistas tem como características principais a mutabilidade e as constantes atualizações. Poucos estudos foram sistematizados para identificar essas mudanças ao longo do tempo. Um dos mais recentes, e importantes, é o realizado pela Universidade Federal de Santa Catarina (UFSC), com o apoio da Federação Nacional dos Jornalistas (Fenaj), da Associação Brasileira de Pesquisadores em Jornalismo (SBPJor) e do Fórum Nacional de Professores de Jornalismo (FNPJ).

Trata-se de uma oportunidade rica para conhecer em detalhes as características do jornalista brasileiro. Todo esse trabalho está sistematizado no livro dos professores Jacques Mick e Samuel Pantoja Lima. É possível acessar uma síntese desse estudo no seguinte endereço: <http://perfildojornalista.ufsc.br/files/2013/04/Perfil-do-jornalista-brasileiro-Sintese.pdf>.

DAVIES, N. **Vale tudo da notícia**. Rio de Janeiro: Intrínseca, 2016.

O contexto atual do jornalismo é de oportunidades e desafios. Se, por um lado, há novas possibilidades no exercício do ofício, por outro, há novos riscos – e velhos problemas que se repetem, não importa qual seja a época. O livro trata do tema da corrupção na imprensa, contando a história do escândalo envolvendo o *News of the World,* tabloide centenário do Reino Unido que foi encerrado em 2011 após a descoberta de inúmeros crimes cometidos na confecção das reportagens. Os delitos envolvem a violação de caixas de mensagens de celulares de pessoas importantes, intimidações, subornos e a produção de matérias que ridicularizavam certas camadas da população, como os imigrantes e os homossexuais.

O MERCADO de notícias. Direção: Jorge Furtado. Brasil, 2014. 94 min.

O documentário do cineasta gaúcho Jorge Furtado é um verdadeiro tratado sobre a atual situação do jornalismo no Brasil. Para construir uma reflexão bastante sólida sobre a profissão, são entrevistados 13 jornalistas de renome – entre eles, Bob Fernandes, Fernando Rodrigues, Janio de Freitas, José Roberto de Toledo, Mino Carta, Renata LoPrete e Geneton Moraes Neto. Trata-se de uma chance rara de conhecer os meandros do ofício no Brasil e ouvir opiniões e análises abalizadas.

Perguntas & respostas

Por que é importante haver diversidade no perfil dos profissionais que exercem o ofício do jornalismo?

Para refletir sobre a questão, é preciso lembrar que o jornalismo constrói uma realidade baseada naquilo que escolhe publicar (ou, por outro lado, deixa de publicar). Portanto, é inevitavelmente condicionado à visão de mundo dos profissionais que o produzem. Se todos os jornalistas tiverem o mesmo perfil – por exemplo, se forem todos homens, brancos, de classe média –, é bastante provável que o recorte sobre a realidade de suas matérias seja muito semelhante, condenando os temas de interesse de boa parte da população à invisibilidade. Por isso, a diversidade é essencial para o bom exercício da profissão.

Questões para revisão

1. Levando em consideração o perfil dos jornalistas brasileiros identificado pela pesquisa feita na Universidade Federal de Santa Catarina (UFSC) no ano de 2012, analise as seguintes afirmações:

    I) Podemos dizer que hoje o jornalismo é um ofício exercido sobretudo por profissionais jovens.

    II) A maioria dos jornalistas brasileiros ainda não tem a internet como centro de seu trabalho.

    III) Os dados demográficos dos jornalistas em atuação no Brasil são condizentes com a realidade da população brasileira em geral.

    IV) As mulheres estão em maior número na profissão, mas em geral recebem salários menores que os homens.

Estão corretas apenas as afirmações:

a) I e II.

b) II e III.

c) II e IV.

d) I e IV.

e) Todas estão corretas.

2. Qual das alternativas a seguir **não** corresponde a uma característica valorizada atualmente nos profissionais do jornalismo?

   a) Uma característica valorizada é a do jornalista que produz conteúdos simples – como a previsão do tempo, os resultados da rodada esportiva e a situação das estradas. Uma vez que o jornalismo se especializa, os profissionais que aceitarem produzir esse tipo de conteúdo serão valorizados.

   b) Como vivemos uma época de superoferta de informação, é valorizada a capacidade de análise e interpretação de dados públicos.

   c) Uma característica destacada é a capacidade de gerir negócios jornalísticos e pensar na produção para além da geração da notícia, preocupando-se também com as formas de circulação desse conteúdo.

d) Como muitos jornalistas são jovens, destacam-se aqueles que já possuem repertórios mais sofisticados, independentemente de sua pouca idade.

e) Destacam-se os jornalistas que têm conhecimentos pertinentes a áreas específicas.

3. Uma das tendências na produção jornalística é o fato de o jornalista, individualmente, passar a centralizar maior poder. Sobre esse assunto, qual é a alternativa **incorreta**?

a) Alguns jornalistas (inclusive brasileiros) já conseguem constituir veículos individuais, sustentados por formas alternativas de financiamento, como as assinaturas recorrentes feitas diretamente com seus leitores.

b) O fato de um jornalista individual poder constituir-se em um veículo não significa dizer que a audiência não necessita mais das instituições jornalísticas tradicionais.

c) Com as redes sociais, os profissionais conseguem construir relações mais transparentes e próximas com o público.

d) Uma mudança significativa é que hoje, com o fortalecimento das instituições, os erros cometidos por jornalistas costumam ficar escondidos por trás das reputações dos veículos.

e) Os jornalistas que constituem veículos reconhecidos costumam ter uma base razoável de seguidores nas redes sociais.

4. Com relação à transposição de conteúdos jornalísticos para os dispositivos móveis (como *tablets* e *smartphones*), identifique em que período do dia as pessoas costumam acessar com mais frequência esses conteúdos.

5. Neste capítulo, abordamos o conceito de *interatividade*. Segundo Alejandro Rost (2014), o que seria a chamada *interatividade comunicativa*?

Questão para reflexão

1. Neste capítulo, examinamos uma das questões fundamentais da atual configuração da profissão: os jornalistas recebem contribuições da população por meio de conteúdos enviados espontaneamente (vídeos, pautas, ideias de fonte, informações de primeira mão etc.). Isso traz benefícios, mas também riscos à qualidade da produção jornalística. Pensando nisso, faça o seguinte exercício de reflexão: imagine que você é um jornalista e recebeu, via WhastApp, um vídeo que exibe um assassinato. O que você pretende fazer com esse vídeo? Vai utilizá-lo ou não? Se decidir (ou não) veiculá-lo, quais serão suas ações? Pondere sobre todos os procedimentos que deve adotar no caso de veiculação desse conteúdo.

Capítulo
02

O jornalismo pós-industrial e a influência das mídias

Conteúdos do capítulo:

- Conceito de *jornalismo pós-industrial*.
- Mudanças nas instituições jornalísticas.
- Novos custos para a produção de notícias.
- Automatização das redações.
- Uso de conteúdos amadores.
- *Games* no jornalismo.

Neste capítulo, analisaremos os principais aspectos das transformações que o jornalismo enfrenta hoje. Para tanto, examinaremos o conceito de *jornalismo pós-industrial*, que servirá de base para formar um panorama amplo sobre quais esferas se alteram nesse novo cenário da profissão.

Ao fim dessa reflexão, você terá uma noção mais clara dos diferentes elementos que envolvem as atuais configurações do ofício do jornalista, de modo a compreender os novos desafios e demandas que se apresentam a esse profissional.

2.1
O jornalismo pós-industrial

Primeiramente, precisamos esclarecer alguns detalhes fundamentais da atual fase do jornalismo. Destacamos, de início, um fato importante: a notícia, hoje, é um produto não acabado. Dito de outro modo, ela – que em outros momentos tinha contornos bem mais claros e definitivos – está sempre em reconfiguração, uma vez que a coleta e o envio de informações não param: todos os cidadãos se tornam, de uma forma ou de outra, capazes de apurar dados que podem vir a transformar-se em notícias. Por consequência, "a informação torna-se mais *work in progress*, uma matéria que se desenvolve, uma espécie de conversação, um processo dinâmico de procura da verdade, mais do que um produto finalizado" (Ramonet, 2012, p. 17).

Nesse sentido, não cabe mais pensar que os jornalistas têm o controle absoluto ao determinar a verdade sobre os fatos, já que tudo aquilo que comunicam está em constante verificação, não apenas por seus pares, mas por toda a população. Essa é uma mudança fortíssima no paradigma da comunicação que coloca uma série de desafios a serem enfrentados.

É importante ressaltar que essas alterações nas lógicas comunicacionais não decorrem, de forma simplória, apenas da maior oferta de ferramentas tecnológicas. O cenário atual tem mais a ver com os resultados dos usos que se fazem dessas tecnologias, e não simplesmente de sua existência. Ou seja, antes de o jornalismo mudar, quem mudou foi a sociedade, tornando-se cada vez mais midiatizada.

Isso significa, por certo ângulo, que uma das consequências desse processo de midiatização é que a sociedade como um todo passa a se ver como dominante e mesmo especializada nas mídias – em outras palavras, "o gesto crítico já está inscrito no senso comum" (Braga, 2017, p. 37). Em decorrência disso, os profissionais de comunicação precisam se preparar para lidar com um receptor que, muitas vezes, tende a olhar para o trabalho deles com desconfiança.

Por todas essas razões, qualquer livro que aborde as novas práticas do jornalismo precisa, desde o começo, assumir que estamos vivenciando tempos de profundas transformações nas formas de financiamento do trabalho, na lógica de sua produção, no formato de suas instituições, na relação com o público etc. É esse processo de transformação que alguns autores hoje chamam de *jornalismo pós-industrial*.

Consideremos atentamente a citação a seguir, do experiente jornalista Caio Túlio Costa (2014, p. 63):

> Qualquer indivíduo, qualquer instituição, qualquer organização hoje tem o poder de mídia. Por mais que se queira proteger o jornalismo, na sua forma clássica, comento, é evidente que ele tomou outra configuração e o jornalista deixou de ser o ator principal no sistema da informação – ele agora é um ator coadjuvante, o que não lhe retira a importância, mas muda sua forma de atuar.

Essa colocação pode parecer impactante, mas descreve com clareza o peso das mudanças enfrentadas hoje no jornalismo. A profissão passa por uma fase de reinvenção de suas atividades e de redescoberta de muitas coisas – por exemplo, como serão as formas pelas quais as empresas permanecerão sustentáveis e como deverão ser os produtos jornalísticos para enfrentar o fato de que hoje todos têm a possibilidade de produzir algum tipo de informação (independentemente da qualidade).

É nesse contexto que o relatório produzido pela Universidade de Columbia, pelo olhar dos pesquisadores C. W. Anderson, Emily Bell e Clay Shirky (2013), merece especial atenção. Com base na realidade da imprensa norte-americana, mas completamente aplicável às instituições brasileiras, o documento analisa essas mudanças e traz recomendações de como o jornalismo deve atuar nesse cenário de reconfiguração de suas práticas.

Comecemos então atentando ao significado da expressão *jornalismo pós-industrial*. Para entendê-la, é preciso compreender como funcionou a indústria jornalística até então. A indústria se sustentava por um serviço prestado por um grupo relativamente pequeno e uniforme de instituições e pela impossibilidade de que outras empresas de fora desse grupo conseguissem competir com ele, que, com isso, detinha um relativo monopólio de atuação.

Hoje, há muitas outras possibilidades, o monopólio foi quebrado e a informação não é mais um produto que pode ser criado e comercializado apenas pelas mesmas grandes empresas. Estamos, portanto, em uma fase pós-industrial, em que pensar o jornalismo apenas por meio de suas antigas lógicas de produção é insuficiente e até inútil.

As instituições jornalísticas, que antes ficavam nas mãos dos mesmos empresários, hoje são múltiplas. Estamos assistindo ao nascimento de muitas novas empresas que produzem informações – muitas delas, aliás, não estão atreladas ao trabalho feito por jornalistas profissionais. Se outrora os jornalistas rivalizavam apenas com outros jornalistas, hoje disputam espaço com muitos outros atores sociais e mesmo com empresas que começam a se formar. Se antigamente era possível ter uma visão razoavelmente clara sobre quem era encarregado de distribuir informação, hoje essa concepção é mais fluida.

Vejamos, a título de exemplificação, o caso das redes sociais: um perfil no Twitter que apenas distribui conteúdo a uma quantidade razoável de seguidores pode talvez ser considerado um canal de comunicação. A força da fonte original da informação (o portal que publicou primeiramente a notícia, por exemplo) diminui bastante diante de outros fatores de engajamento. Não cabe mais pensar que as empresas de jornalismo tenham necessariamente uma posição privilegiada ou superior na tarefa de fazer circular seus conteúdos.

Para Costa (2014), levou muito tempo para que o jornalismo, como instituição, se desse conta, efetivamente, da mudança que se operou no cenário tecnológico e, por consequência, social, no qual as grandes certezas de antes (como a centralidade impassível do jornal impresso como veículo jornalístico mais importante) passaram a ser reavaliadas e reconfiguradas.

A indústria do jornalismo, seja por questões geracionais, seja por questões de negócio, seja por mera incompetência, levou muito mais tempo para entender o momento disruptivo pelo qual passa do que levaram, por exemplo, a indústria das telecomunicações, que soube recriar-se no ambiente sem fio; a indústria da música, que está se refazendo no ambiente digital; ou mesmo o varejo tradicional, que está se superando no comércio online. (Costa, 2014, p. 61)

Trata-se de um obstáculo, se pensarmos que o jornalismo, entre todos os ofícios, talvez seja o mais conectado com o tempo presente. Costa (2014) ainda arrisca algumas das razões para isso. Em parte, pode ser porque há muitos editores ainda vocacionados apenas para o jornalismo em ambiente analógico e despreparados para desenvolver em uma prática adaptada ao meio digital. Essa dificuldade também pode revelar uma deficiência na formação desse profissional, que normalmente não se mostra apto para atuar como um gestor de comunicação, diferentemente do que acontece em outras áreas.

É preciso reconhecer que a antiga realidade ficou no passado e que o futuro do jornalismo já chegou. As mudanças estão presentes e não são poucas, entre as quais destacamos algumas:

- A crise do subsídio dado pela publicidade ao jornalismo tornou a produção mais cara, fazendo com que o formato de algumas empresas se tornasse insustentável.

- Não cabe mais pensar na audiência como um público passivo, mas como um usuário, que mantém outra relação com o meio de comunicação.

- As pessoas produzem conteúdo a todo instante, e isso exige que os jornalistas tenham clareza quanto à especificidade e à importância de sua função.

- Há um aumento nas instituições que, se antes atuavam apenas como fontes, hoje desempenham um papel ativo na produção de notícias, como as assessorias de imprensa e de comunicação institucional, denominadas por Sant'Anna (2006) *mídia das fontes*. Estas passaram a tentar interferir e se inserir na agenda midiática, em vez de apenas servir de apoio a outros profissionais da comunicação. "Desta forma, a imprensa tradicionalmente vista como um espectador externo aos fatos começa a perder a totalidade do domínio da cena informativa" (Sant'Anna, 2006, p. 3).

Diante disso, há apenas dois caminhos: lamentar a quantidade de mudanças enfrentadas pela profissão ou encarar a realidade e pensar de forma franca e propositiva em como o jornalismo pode enfrentar o novo cenário. É nesse contexto que surgem as propostas vindas da Universidade de Columbia, que partem de cinco convicções acerca do jornalismo (Anderson; Bell; Shirky, 2013):

1. O jornalismo é essencial para o bom funcionamento do sistema democrático.
2. O jornalismo de qualidade sempre foi subsidiado (pela publicidade, pelos próprios usuários ou por outras maneiras), ou seja, nunca foi ofertado gratuitamente.
3. A internet praticamente acabou com o subsídio da publicidade.
4. Por isso mesmo, a reestruturação do jornalismo é obrigatória.
5. Há muitas possibilidades para se fazer um bom trabalho de outras maneiras.

Para esclarecermos melhor as questões enfrentadas hoje, a seguir descrevemos com mais detalhes algumas características da atual configuração do jornalismo.

∴ Automatização nas redações

Um dos aspectos já vigentes nas redações de grandes veículos diz respeito à automatização da produção de certas notícias por meio de máquinas que funcionam por algoritmos extremamente sofisticados. São robôs programados para produzir automaticamente textos informativos ao receber dados específicos. A agência de notícia *Reuters*, por exemplo, já produz com essa tecnologia cerca de 400 matérias diárias.

Anderson, Bell e Shirky (2013) preveem que, em cinco ou dez anos, o processo de automatização se sofisticará e haverá uma maior quantidade de notícias produzidas por essas máquinas. São informações simples que podem ser passadas diretamente ao público (por exemplo, a poluição dos rios, a situação do trânsito etc.). Assim, o caminho para o futuro é a automatização de processos jornalísticos simples e o foco do trabalho humano em atividades mais complexas, que requerem interpretação.

Essa informação automatizada só pode ser gerada em virtude do caráter formal do *lead*, que apresenta uma estrutura interna bastante definida (a resposta às seis questões centrais para que qualquer acontecimento possa se tornar notícia: quem, quando, o que, onde, como e por que). Desse modo, as notícias geradas por computador são textos básicos formados pelo *lead*, cujas características o tornam "traduzível de modo mais fácil para uma sequência de instruções a ser realizadas por uma máquina" (Santos, 2014, p. 283). A ideia é minimizar o tempo gasto na montagem de notícias simples, em um processo no qual não se depende especificamente das competências humanas.

As vantagens do uso da automatização são a velocidade desse trabalho, a abrangência da cobertura (pode-se produzir rapidamente em várias línguas), o custo baixo e a eficiência (Souza, 2009). No entanto, o sistema é obviamente limitado pelos recursos das máquinas: elas conseguem, por exemplo, fazer correlações entre dados, mas não analisá-los, o que continua a cargo de bons jornalistas. Por isso mesmo, há pesquisadores que acreditam que a contribuição futura dessa tecnologia será a de ajudar os jornalistas a ficar mais livres para trabalhos mais arrojados, liberando-os da compilação de dados para notícias simples, meramente informativas.

É claro que esse é um assunto que ainda rende muita polêmica, uma vez que se teme a substituição do trabalho de jornalistas pelo de máquinas, algo que causa verdadeiro (e justificado) pavor nos profissionais. Entretanto, Anderson, Bell e Shirky (2013) comparam o processo ao já enfrentado pelo jornalismo à época da transição de uma imprensa artesanal para uma imprensa que tira proveito de processos industriais mais sofisticados.

Ou seja, conforme defendem os autores, muito do que os jornalistas faziam no começo da imprensa era basicamente trabalho braçal, que poderia ser feito por pessoas com outras formações – e situação semelhante estaria ocorrendo agora. Assim, o aumento da automatização pode ter como consequência uma liberação maior dos jornalistas para que se dediquem àquilo que as máquinas (e os não jornalistas) não podem fazer: análise de qualidade, correlação e interpretação de dados e trabalho investigativo.

Em um estudo bastante provocativo, Santos (2014) descreve uma experiência feita com a produção de narrativas automatizadas por meio de um trabalho simples de programação. O experimento envolveu a produção de notícias curtas com os resultados dos jogos do Campeonato Brasileiro de 2013. Os passos básicos para a tarefa foram os seguintes: obter os dados sobre os resultados dos jogos, além de informações complementares, como o número da rodada e o local de cada partida; registrar as informações no arquivo; criar uma forma de tradução das regras do campeonato em termos de variáveis que pudessem ser interpretadas pela máquina; alimentar o computador com listas de termos e verbos que seriam usados de acordo com os resultados e o tom esperado do texto[1]; gerar frases a partir dos resultados dessas operações (Santos, 2014, p. 283).

Ao fim do experimento, ficou constatada a viabilidade dessa espécie de produção narrativa. Esse tipo de processo deve ser cada vez mais frequente principalmente em portais grandes, que precisam publicar notícias com agilidade. No entanto, Santos (2014, p. 289) afirma que mesmo máquinas mais complexas "estão distantes de replicar as sutilezas e complexidades de um bom texto jornalístico, principalmente numa língua como a portuguesa, que até hoje apresenta dificuldades para outras categorias

- - - - -

1 Por exemplo, os verbos *liquidar* e *humilhar* seriam empregados no texto no intuito de gerar um discurso mais sensacionalista; já *vencer, ganhar* e *bater* caracterizariam um tom textual mais sóbrio (Santos, 2014).

de *software*, como os de reconhecimento de voz e tradução, para conseguirem níveis altos de acerto".

Além disso, as empresas que explorarem o recurso também precisam ter clareza de que tais processos não reproduzem características essenciais ao jornalismo, como o trabalho investigativo e a interpretação densa, ou mesmo a criação de uma boa narrativa em profundidade. As máquinas, por mais sofisticadas que sejam, seguem incapazes de realizar aquilo que entendemos ser o âmago da profissão.

∴ Influência dos *games*

Uma característica marcante do jornalismo pós-industrial é a necessidade de investimento em novas linguagens, que em outros momentos foram consideradas de pouco interesse jornalístico. Há diversas razões para isso, como as mudanças nas ferramentas tecnológicas disponíveis e a busca por cativar o público jovem, que assume um lugar de audiência visado pelas instituições. Assim, as empresas passam a prever novas formas pelas quais seus conteúdos chegarão até os usuários.

Um caminho cada vez mais explorado pelos veículos tem a ver com a influência dos *games*, com linguagens prioritariamente de domínio dos jovens. Trata-se de um processo que foi chamado de *gamification*, pautado no planejamento de maneiras mais lúdicas de fazer o conteúdo chegar ao leitor ou usuário (Acosta, 2016). Entre os formatos mais explorados, estão os *newsgames*:

> jogos cujo enredo é embasado em notícias ou acontecimento em curso e, assim como as charges e cartuns políticos, tentam transmitir uma opinião. Através da mecânica e objetivos do *newsgame* o jogador pode analisar determinado fato, notícia ou acontecimento e propor novas reflexões, pois foi inserido naquele contexto. (Marciano, 2016, p. 33)

Os *newsgames* são produtos comunicacionais relacionados às possibilidades do jornalismo *on-line* e utilizam estratégias interativas para informar o receptor sobre algum assunto de interesse jornalístico. Seu surgimento tem relação com iniciativas pré-existentes em outras áreas da comunicação, como os *advergames*, jogos eletrônicos que divulgam mensagens publicitárias e buscam conduzir ao consumo de algum produto ou conhecimento de alguma marca.

O jornalismo começou a se apropriar de estratégias semelhantes para suas próprias funções, que envolvem, sobretudo, informar a população sobre algo de interesse público. Os *newsgames* costumam ter as mesmas características dos *games* convencionais: objetivos desafiadores; intenção de causar algum tipo de diversão; promoção do engajamento; habilidades e conhecimentos adquiridos ao longo do processo do jogo (Sicart, 2008, citado por Acosta, 2016). Por sua característica lúdica, costumam gerar mais engajamento do que as notícias tradicionais.

Os *newsgames* podem ser de diversos tipos e operar por meio de diferentes funcionalidades. Marciano (2016) apresenta a seguinte proposta de categorização dos *newsgames* que já estão sendo desenvolvidos e consumidos:

- ***Newsgames* de eventos recentes (*current event newsgames*)**: equivalem a artigos ou colunas cujo objetivo é transmitir informação e conteúdo opinativo. Costumam refletir de forma clara a linha editorial do veículo que os produz. Essa categoria apresenta três subdivisões: jogos editoriais (*editorial games*), que tendem mais à opinião e à explicitação de uma linha editorial, no intuito de persuadir; jogos-reportagem (*reportage games*), que mais ilustram um fato do que tentam persuadir; jogos de tabloide (*tabloid games*), com conteúdo mais voltado às notícias de entretenimento, buscando mais criar algum tipo de diversão do que efetivamente informar sobre algo.
- ***Newsgames* infográficos (*infographics newsgames*)**: conferem dinamismo ao formato dos infográficos (muito explorado no jornalismo impresso), que se tornam interativos nas plataformas *on-line*. Enquanto nos jornais e nas revistas os infográficos podem apenas ser lidos, nos *newsgames* podem ser manipulados e operados.

- ***Newsgames* documentários (*documentary newsgames*):** costumam ser os mais densos e elaborados, pois demandam uma pesquisa aprofundada e uma produção extensa. Por essa razão, costumam ser os que proporcionam a maior imersão do usuário naquilo que o *newsgame* mostra.
- ***Newsgames* de raciocínio (*puzzle newsgames*):** envolvem enigmas que precisam ser solucionados por meio da lógica, como palavras cruzadas e questionários.
- ***Newsgames* de comunidade (*community newsgames*):** visam criar comunidades colaborativas entre usuários interessados em um mesmo tema, os quais devem aplicar no mundo real aquilo que aprenderam juntos.

Um veículo já com alguma tradição na produção de *newsgames* é a revista *Superinteressante*, a qual costuma desenvolver jogos *on-line* que se relacionam com conteúdos de matérias e estendem a experiência de seus leitores por meio dessa nova linguagem. Um dos mais conhecidos entre os criados pelo veículo é o jogo *Filosofighters*[2], que reatualiza os conhecidos jogos de luta dos *videogames*, como o clássico *Street Fighter*, tendo como lutadores diferentes filósofos da história. Ao jogar, os usuários são apresentados às principais ideias dos pensadores.

---

2   Saiba mais sobre o jogo em Giacomo (2016).

∴ Replanejamento dos custos de produção

Um dos sintomas mais relevantes do atual cenário é que a internet colaborou para o fim de uma era histórica em que o jornalismo era direta ou exclusivamente financiado por meio de anúncios publicitários. Essa realidade ficou no passado: todas as empresas que fornecem serviços jornalísticos precisam repensar os modos pelos quais pagarão por suas operações.

Para Anderson, Bell e Shirky (2013), é necessário entender que a relação histórica entre a publicidade e o jornalismo se fundamentava basicamente na falta de opções: os anunciantes fechavam parcerias com veículos de comunicação por não terem outra alternativa. A internet, no entanto, pulverizou o acesso à população e desequilibrou essa relação, fazendo com que os ganhos obtidos pelas empresas jornalísticas com os anúncios publicitários caíssem exponencialmente.

Por consequência, o jornalismo teve de encarar certos desafios: com ganhos menores, foi preciso remodelar os negócios e reduzir o custo da produção das notícias sem perder a qualidade do material. Como fazer isso? Anderson, Bell e Shirky (2013, p. 38) indicam algumas possibilidades de ação: ter mais abertura a parcerias e colaborações com outras instituições; tirar melhor proveito dos dados públicos, gerando matérias de qualidade com menos custos; fazer uso maior de recursos informativos provindos de multidões, indivíduos e até de máquinas.

Toda instituição, pequena ou grande, que se propõe a produzir conteúdo jornalístico tem atualmente a obrigação de repensar os custos de suas operações. Como o jornalismo é uma atividade como qualquer outra – ou seja, é preciso encontrar meios financeiros para que seja empreendida –, é fundamental que os gestores da área encarem essa mudança de forma honesta e realista. Isso compreende centralmente três fatores: os modelos de sustentação do negócio têm de ser repensados com urgência; os custos da produção devem ser reavaliados; algumas operações das etapas produtivas precisarão ser replanejadas. As tecnologias são cada vez mais exploradas para minimizar custos (por exemplo, com frequência, as redações das rádios não enviam profissionais em coletivas de imprensa afastadas e solicitam que assessores lhes encaminhem os respectivos áudios).

Com relação aos desafios trazidos por esses fatores, vamos tratar a seguir de dois quesitos importantes: a influência dos conteúdos amadores e a colaboração e a cooperação entre jornalistas.

∴ Influência dos conteúdos amadores

Conforme já apontamos, uma mudança inevitável que caracteriza o cenário do jornalismo pós-industrial é que o trabalho feito pelos jornalistas profissionais está em permanente concorrência com os conteúdos produzidos por pessoas comuns, que muitas vezes parecem mais atraentes à população por darem a sensação de serem testemunhas oculares dos fatos, propiciando uma visão formada a partir do centro dos acontecimentos.

Obviamente, essa visão interna não garante que a informação amadora seja de melhor qualidade que a produzida pelo jornalista – em geral, ocorre exatamente o contrário. É nesse contexto que surge uma oportunidade valiosa ao jornalismo: a de reconhecer a importância desses conteúdos e, principalmente, avaliá-los para a manutenção da qualidade de seu trabalho.

É preciso então assumir que "o jornalista não foi substituído – foi deslocado para um ponto mais acima na cadeia editorial" (Anderson; Bell; Shirky, 2013, p. 43). Em suma, o que isso quer dizer? Que o jornalismo precisa usar a seu favor essa informação obtida em primeira mão, muitas vezes disponibilizada de forma bruta, parcial e não verificada. É possível que o futuro da prática jornalística não seja mais produzir as observações iniciais sobre os fatos (as quais serão cada vez mais profícuas ou mesmo feitas automaticamente, como afirmamos anteriormente), mas analisar e interpretar a enxurrada de matérias produzidas pelo público. Em outras palavras, o volume dos conteúdos amadores deve aumentar o trabalho de reportagem e não reduzi-lo.

É preciso que as instituições jornalísticas tenham políticas claras e executáveis voltadas a esses conteúdos enviados pelo público, de modo a elaborar maneiras pelas quais os materiais possam ser aproveitados de forma produtiva e racional. O cenário atual, no qual esses conteúdos se proliferam e chegam a todo instante até os profissionais, é de riscos e tentações: por exemplo, de veicular algo sem qualquer relevância apenas para encher uma pauta jornalística ou apenas para conquistar um espectador por meio de um vídeo impactante aos seus sentidos, mas que não agrega informação útil à sua vida.

Por outro lado, o uso eficiente desses materiais pode ser uma estratégia para reduzir alguns custos de produção, uma vez que libera a equipe jornalística de ter de se deslocar a todos os lugares para a obtenção de uma informação de qualidade. É importante que se desenvolva um fluxograma claro – e compartilhado com todos os membros da instituição – no que se refere a como esses materiais serão capturados e trabalhados. É necessário, portanto, definir: quais canais serão usados para contatar o público; por quais elementos do organograma esses dados serão considerados; como se dará a verificação dos conteúdos; de que forma eles serão trabalhados nas narrativas produzidas pelos veículos etc.

∴ Colaboração entre jornalistas

Como muitas atividades jornalísticas passarão a ser automatizadas, ou seja, produzidas em processos sem demandar mão de obra humana, parte da rivalidade e competição entre jornalistas e suas empresas não fará mais sentido. A concorrência entre os veículos pelos furos – informações trazidas com exclusividade ao público, antes do concorrente – será reconfigurada.

Assim, a tendência é que, no futuro, os profissionais passem a colaborar mais uns com os outros. Com recursos cada vez mais escassos, como mencionamos anteriormente, haverá necessidade de reduzir o número de repórteres enviados para a cobertura de eventos. Aos poucos, as empresas passarão a unir forças em certas etapas de produção, evitando a perda de tempo e o retrabalho em torno dos mesmos dados.

Portanto, um caminho que tende a ser valorizado nesse contexto é a colaboração entre profissionais e instituições e entre profissionais de outras áreas, como sugerem Anderson, Bell e Shirky (2013, p. 53):

> Um jornalista vai dedicar mais tempo a relações de colaboração – relações que podem envolver tecnólogos (para a criação de sistemas melhores), especialistas ou acadêmicos em sua área e outros jornalistas (para a cobertura de fatos, a criação de *software* e a edição e agregação do trabalho de terceiros).

As vantagens da adoção dessa nova configuração são várias: expandir o escopo de uma reportagem, uma vez que ela pode ser produzida cooperativamente por profissionais espalhados em várias cidades do mundo[3]; possibilitar que se somem *expertises* de vários colaboradores e instituições para que se possa lidar com dados conturbados, que certamente levarão a processos legais; favorecer a viabilização de reportagens investigativas, que são mais caras, pois envolvem mais tempo, gastos com viagens, deslocamentos etc.

Segundo a repórter Daiane Andrade[4] (2017), da rádio Band News, a colaboração entre jornalistas faz parte do cotidiano da profissão. Trata-se de uma iniciativa que surge entre os próprios profissionais e entre as chefias das emissoras – revelando, assim, um movimento institucional. Para Andrade, isso acontece em razão do ritmo das demandas (nem sempre o repórter consegue chegar à pauta no horário, em virtude das demais tarefas que cumpre) e por questões de custo. Ela ainda aponta que a internet se encarregou de enfraquecer a competição entre jornalistas. Hoje, com exceção de casos exclusivos, que envolvem apuração e investigação minuciosas, não faz sentido reter informações.

- - - - -

3   Um exemplo de uma prática colaborativa entre jornalistas que resultou em um trabalho investigativo é o caso dos *Panama Papers*. Trata-se de um escândalo denunciado por um grupo de jornalistas espalhados pelo mundo acerca de transições financeiras ilícitas envolvendo pessoas ligadas a líderes políticos, empresários e celebridades que possuíam contas em empresas *offshore*. No total, os *Panama Papers* envolveram 400 jornalistas em 76 países.
4   Jornalista paranaense, especialista em jornalismo literário.

Um desafio que ainda precisa ser enfrentado com mais clareza diz respeito a como essas parcerias ocorrerão economicamente, uma vez que, como apontam Becker e Teixeira (2009, p. 46), "o processo de constituição das redes colaborativas pressupõe a superação de interesses corporativos, da tradição hierárquica e clientelista que ainda marcam as relações sociais". Em outros termos, a alternativa da colaboração entre veículos jornalísticos é um caminho ainda a ser trilhado, uma vez que envolve mudanças profundas na cultura organizacional de certas instituições.

Síntese

Neste capítulo, abordamos um conceito central para a discussão dos novos rumos do jornalismo: a concepção de que hoje vivemos a fase do chamado *jornalismo pós-industrial*. Trata-se de um momento histórico no qual as empresas jornalísticas alteraram suas lógicas. Se, em outras épocas, o jornalismo era exercido apenas por poucas e grandes empresas, fundamentadas em processos industriais e sustentadas por um relativo monopólio do negócio, hoje a realidade é completamente diferente. O cenário se caracteriza por uma pulverização de instituições – constituídas por jornalistas e por amadores – que produzem algum tipo de informação.

Por consequência, é preciso compreender quais são as esferas nas quais essas mudanças se manifestam com maior expressividade. Nesse sentido, examinamos quatro aspectos centrais desse panorama: os processos de automatização das redações, o que revela uma oportunidade de avaliar a verdadeira contribuição dos jornalistas neste momento pós-industrial; a necessidade de planejamento de custos da produção jornalística; a influência dos conteúdos amadores e o modo como eles podem ser apropriados para uma melhoria dos processos jornalísticos; e, por fim, a colaboração entre jornalistas como um caminho para viabilizar reportagens e demais processos de alto custo.

Para saber mais

ANDERSON, C. W.; BELL, E.; SHIRKY, C. Jornalismo pós-industrial: adaptação aos novos tempos. **Revista de Jornalismo ESPM**, São Paulo, ano 2, n. 5, p. 30-89, abr./jun. 2013. Disponível em: <http://www.espm.br/download/2012_revista_jornalismo/Revista_de_Jornalismo_ESPM_5/files/assets/common/downloads/REVISTA_5.pdf>. Acesso em: 5 out. 2017.

O relatório produzido e divulgado pelos pesquisadores da Universidade de Columbia teve forte repercussão entre os jornalistas brasileiros, pois, de forma didática, organiza essa discussão que é urgente para todos os profissionais. Além disso, apresentam-se diagnósticos e recomendações aos jornalistas acerca dos rumos da profissão.

CHRISTOFOLETTI, R. (Org.). **Questões para um jornalismo em crise.** Florianópolis: Insular, 2015.

Ainda que traga a palavra *crise* já no título, a obra – composta de artigos elaborados por pesquisadores vinculados ao Programa de Pós-Graduação em Jornalismo da Universidade Federal de Santa Catarina (UFSC) – descreve o atual momento como de oportunidade para os profissionais da área. Entre os temas abordados, estão o convívio entre amadores e jornalistas profissionais, as novas narrativas jornalísticas (como *newsgames* e infografias interativas) e os novos perfis da audiência.

HOUSE of Cards. Criação: Beau Willimon. EUA, 2013. Série de televisão.

A famosa série da Netflix sobre os meandros da política traz uma importante reflexão sobre os processos de produção noticiosa nas redações. Vários personagens são jornalistas, e muitos trabalham de forma autônoma ou estão vinculados a veículos independentes, que se associam às tendências do jornalismo pós-industrial.

Perguntas & respostas

Em que consiste a fase pós-industrial do jornalismo?

Ao longo de sua história, o jornalismo foi concretizado em instituições que tinham, em alguma medida, caráter industrial, em empresas que mantinham uma espécie de monopólio da produção de informações. Hoje as empresas jornalísticas são permeadas por outras lógicas: elas dividem espaços com as notícias geradas por amadores e precisam planejar novas formas de se tornarem viáveis financeiramente.

Questões para revisão

1. Ao longo deste capítulo, examinamos o conceito de *jornalismo pós-industrial*. Sobre ele, é **incorreto** afirmar:
   a) Uma das consequências da proliferação das tecnologias é que hoje, de modo geral, a população tem condições de enviar suas contribuições às instituições jornalísticas.
   b) A automatização é uma realidade na área e se aplica especialmente no auxílio às reportagens interpretativas, em que se utilizam técnicas literárias.
   c) No atual cenário, as grandes empresas de comunicação dividem espaço com instituições menores.

d) O fato de, por muitas décadas, o jornalismo ter se sustentado especialmente pela publicidade se justificava pela falta de opção: os anunciantes não tinham muitas outras formas de chegar ao público.

e) Nesse contexto, a notícia passa a ser vista como um processo contínuo, sob atualização constante.

2. Considere as seguintes afirmações sobre os riscos relacionados ao uso de conteúdos amadores na produção jornalística:

I) Como são muitos, esses conteúdos podem atrapalhar a produção jornalística, caso não sejam organizados conforme uma lógica organizada.

II) É bastante provável que outros jornalistas enviem conteúdos mentirosos para prejudicar os concorrentes.

III) Os jornalistas podem se sentir tentados a publicar materiais de baixo interesse jornalístico.

IV) Muitas vezes, tais conteúdos são boatos sem verificação.

Estão corretas apenas as afirmações:
a) I e II.
b) II e III.
c) I, III e IV.
d) I, II e IV.
e) Todas estão corretas.

3. Por que a colaboração entre jornalistas pode ser um caminho importante para o jornalismo?

   a) Porque todos os jornalistas em breve se tornarão proprietários de seus próprios veículos e precisarão do apoio de seus colegas.

   b) Porque em breve não haverá outros tipos de instituições jornalísticas: só existirão iniciativas de jornalismo cooperativo.

   c) Porque isso estimulará muitos jornalistas a se tornarem mais competitivos, produzindo reportagens melhores para derrotar os concorrentes.

   d) Porque não fará mais sentido enviar vários profissionais para os mesmos lugares para obter as mesmas informações básicas.

   e) Porque em breve todos os jornalistas brasileiros apenas trabalharão como *freelancers*.

4. Segundo Caio Túlio Costa (2014), quais seriam as razões para que muitas empresas e profissionais do jornalismo se mostrem ainda avessos às atualizações?

5. Neste capítulo, analisamos algumas questões que precisam ser definidas pelos veículos de modo a viabilizar o

aproveitamento cotidiano dos conteúdos enviados pela população. Liste pelo menos quatro das prioridades que precisam ser enfrentadas nesse cenário.

Questão para reflexão

1. Ao longo deste capítulo, discutimos as mudanças que as empresas de jornalismo enfrentam hoje. Como foi ressaltado até aqui, trata-se de uma realidade que já atinge os meios de comunicação. Por isso, a atividade proposta a você é a verificação dessas mudanças junto a jornalistas e/ou gestores de empresas de comunicação de sua cidade.

   Agende entrevistas com três profissionais de diferentes veículos. Elabore um roteiro de perguntas. Suas questões devem compreender: as mudanças nos modos de financiamento do veículo (Como a empresa se sustenta? Houve uma diminuição nos ganhos com publicidade? De que forma isso impactou a saúde financeira da empresa?); as formas como o veículo utiliza conteúdos amadores (Qual é a rotina do uso desses materiais? Quem faz a seleção? Há algum procedimento de verificação daquilo que é enviado? Como isso ocorre?); as formas de cooperação com outras instituições e profissionais.

Capítulo

03

Modalidades valorizadas em um novo cenário da profissão

Conteúdos do capítulo:

- Tendências no jornalismo atual.
- Jornalismo investigativo.
- Jornalismo independente.
- Jornalismo cooperativo.
- Jornalismo guiado por dados.

Neste capítulo, trataremos das especificidades das áreas do jornalismo no contexto pós-industrial, momento marcado, como já apresentado no segundo capítulo, por diversas características, como a necessidade de replanejar custos de produção, a quebra do monopólio das grandes empresas e a busca por novos modelos de negócios.

Esperamos que, ao fim desta leitura, você compreenda com mais profundidade as mudanças que atingem o jornalismo e tenha uma noção mais clara das oportunidades que despontam no momento atual, de modo a identificar as competências nas quais o profissional da área deve investir para atuar no mercado de trabalho. No caso dos estudantes de jornalismo, esses conhecimentos podem, por exemplo, auxiliá-los na escolha de uma pós-graduação ou de cursos de extensão a fazer durante a graduação. Além disso, a ideia é despertar o interesse pelo estudo das temáticas aqui abordadas, o que pode ser feito individualmente ou na convivência com outros estudantes ou profissionais.

Tendo em perspectiva esses objetivos, enfocaremos quatro ramos específicos: o jornalismo investigativo, o jornalismo realizado com o uso de dados públicos, o jornalismo independente e o jornalismo cooperativo. Em cada caso, buscaremos não só esclarecer as formas como essas áreas enfrentam os desafios no cenário atual, mas também identificar as oportunidades que surgem nesses diferentes âmbitos do jornalismo.

3.1
Jornalismo investigativo: oportunidades e dificuldades

O jornalismo investigativo é, sem dúvida, uma das áreas da profissão mais idealizadas. Muitos estudantes escolhem esse segmento pelo fato de envolver denúncias, descobertas de dados ilícitos, enfrentamento de autoridades etc. Muitos vislumbraram seu futuro com base em casos icônicos, como o Watergate, relatado com propriedade no filme *Todos os homens do presidente*[1], ou, mais recentemente, nas investigações retratadas no filme *Spotlight: segredos revelados*[2]. Aliás, são poucos os filmes e séries que abordam temas jornalísticos e que não envolvem algum tipo de investigação.

Primeiramente, é preciso observar que a ideia de que há um jornalismo investigativo provoca certo dissenso: muitos autores entendem que tal ideia sugere que possa existir um jornalismo que não é investigativo, o que não seria verdade. Fortes (2005), por exemplo, chega a afirmar que o termo *jornalismo investigativo*

---

1 Filme de 1976, dirigido por Alan J. Pakula. O caso Watergate compreendeu a denúncia de um escândalo político que envolveu o presidente americano Richard Nixon e culminou em sua renúncia. A investigação foi feita por dois repórteres do jornal *Washington Post*, que obtiveram informações de uma fonte anônima, conhecida como Garganta Profunda (*Deep Throat*).
2 Filme de 2015, dirigido por Tom McCarthy. As investigações retratadas no filme, realizadas por uma equipe do jornal *The Boston Globe*, referem-se a casos de abuso sexual e pedofilia entre membros da Igreja Católica. O trabalho feito pelos jornalistas foi laureado com o Prêmio Pulitzer de Serviço Público em 2003.

pressupõe mais uma marca que um conceito. De todo modo, consideramos como irrevogável o fato de que há notícias e reportagens que exigem bem mais "descobertas" e garimpagem que outras e demandam certas *expertises* específicas dos repórteres – e estas, talvez, possam ser incluídas na categoria investigativa discutida aqui.

Vejamos, então, alguns elementos observados no caso Watergate e que são recorrentes nas reportagens investigativas, conforme explicam Lima (2011) e Melo (2015):

- A investigação costuma ser **autônoma**, ou seja, desvinculada dos interesses de outras instituições que não a própria empresa jornalística.
- Muitas vezes, conta com **fontes em *off***, que relatam informações sob a condição de não serem identificadas publicamente.
- Costuma direcionar-se às **irregularidades de autoridades**. Nas palavras de Bucci (2014, citado por Melo, 2015, p. 21), "o jornalismo investigativo opera como uma contraforça legítima e legal em relação ao poder".
- É preciso manter uma postura de **crítica** e **ceticismo** quanto às versões oficiais divulgadas pelas instituições envolvidas – deve-se desconfiar dos comunicados de imprensa, dos discursos controlados acerca dos fatos que se investigam.

- O **interesse público** é incontestável. Normalmente não se destinam esforços para verificar algo que impactará a vida de poucas pessoas, e muito menos se deve simular interesse público em algo que é mero sensacionalismo.
- A investigação requer **apoio institucional** do veículo que a produz. Conforme já mencionado, o jornalismo investigativo demanda esforços e investimentos e, por isso, só consegue ser viabilizado em instituições que dão apoio aos seus profissionais. Isso envolve desde a questão financeira – são reportagens que envolvem diversos gastos – até o fato de que muitos jornalistas precisam executar menos tarefas cotidianas para poder se dedicar exclusivamente a uma investigação.
- A reportagem precisa resultar em **denúncias**.

O jornalismo investigativo se encontra, no cenário atual, em um impasse. Por um lado, a área sofre especialmente com a crise enfrentada pelas empresas jornalísticas, pois demanda muito investimento: as investigações muitas vezes dependem de gastos com viagens, alimentação e hospedagem dos repórteres; pagamento dos custos de eventuais processos que os profissionais possam sofrer; tempo dedicado a esse trabalho e que os impede de atuar em outras atividades etc.

Por outro lado, há um panorama de oportunidades para os jornalistas que conseguem desenvolver-se no ramo. Vivemos na era da digitalização da informação, o que significa que nunca houve tantos dados à disposição para o trabalho investigativo. Um marco desse contexto foi o surgimento, em 2010, do portal WikiLeaks, liderado pelo jornalista Julian Assange, que disponibilizou nas redes digitais uma série de documentos sigilosos relativos a operações militares americanas e a outros temas polêmicos. Ainda que o vazamento de informações seja bastante problemático e considerado um crime em diversos países, é consenso que o trabalho realizado pela equipe do WikiLeaks estimulou o desenvolvimento de reportagens investigativas no mundo todo. O trabalho feito por Assange e seu grupo só foi possível porque houve a colaboração de profissionais com diferentes especializações – entre elas, o conhecimento de *hackers*, ciberativistas e técnicos de informática, algo que até hoje causa muita polêmica e é alvo de críticas quanto à legitimidade da ação empreendida.

No Brasil, um exemplo muito conhecido de jornalismo investigativo é o que é realizado pela Pública (Agência Pública, 2017), uma agência sem fins lucrativos fundada em 2011 por três jornalistas e que se destina à produção de reportagens de profundidade. Natalia Viana, uma das fundadoras, acredita que há aspectos positivos para o jornalismo no tipo de trabalho feito pelo WikiLeaks: "Assange uniu a *expertise* de desenvolvedor de códigos digitais aos fundamentos mais básicos do jornalismo, prática que tanto se diz em crise; em essência, trazer à tona histórias de interesse público" (Viana, 2013, citada por Melo, 2015, p. 131-132).

Em suma, isso aponta para um contexto em que as investigações podem se tornar mais viáveis, embora, é claro, esse jornalismo sempre se caracterize pela dificuldade em descobrir fatos, pois muitos dos envolvidos empregarão esforços para que eles nunca venham à tona.

Assim, podemos sinalizar alguns desafios e oportunidades relacionados à produção de reportagens investigativas no cenário pós-industrial:

- **A colaboração é o futuro**: as práticas colaborativas trazem oportunidades outrora inimagináveis ao jornalismo investigativo. Um dos grandes benefícios dos ambientes digitais é a possibilidade de unificar esforços de indivíduos que, de outra forma, jamais entrariam em contato. A cooperação, segundo o jornalista Rosental Calmon Alves (citado por Lima, 2011), pode ocorrer entre as instituições jornalísticas, que até então não tinham esse hábito, ou entre instituição e público.
- **Novas formas de perseguição ao trabalho dos jornalistas**: se os métodos de apuração se renovam com os anos, isso também acontece com as formas de cerceamento ao trabalho dos profissionais. As maneiras de se intimidar um jornalista se constituem em caminhos mais sutis, muitas vezes fundamentados na burocracia.

Recentemente houve um caso ocorrido no Paraná que ganhou bastante repercussão. Após a publicação de reportagens expondo o supersalário de juízes e promotores do estado, repórteres do jornal *Gazeta do Povo*, em Curitiba, foram processados por diversos magistrados em 44 ações de danos morais.

A sutileza estava no detalhe: as ações foram abertas em pelo menos 15 cidades do Paraná. Na prática, a estratégia visava desestruturar emocionalmente os jornalistas e inviabilizar seu trabalho, uma vez que eles precisariam ficar em constante deslocamento para responder aos processos. As ações foram revogadas em 2016 e os jornalistas receberam o Prêmio ANJ de Liberdade de Imprensa, concedido pela Associação Nacional de Jornais.

É essencial, portanto, que o profissional tenha sempre o apoio da instituição à qual está vinculado para a realização desse tipo de trabalho. Algumas, por exemplo, fazem seguros que protegem os jornalistas em caso de processo. A possibilidade de repercussão do caso diante da opinião pública, com o uso das redes digitais, é sempre uma alternativa possível para expor os casos de abuso e cobrar respostas das autoridades.

- **O abrandamento das fronteiras entre o público e o privado**: é corretíssimo o ditado segundo o qual grandes poderes trazem grandes responsabilidades. Atualmente, é possível dispor de ferramentas diversas que permitem o acesso a informações antes restritas. Isso facilita investigações acerca de más condutas de empresas e instituições públicas, mas pode também levar a abusos e excessos na busca por dados.

Hoje há muitas máquinas (como câmeras minúsculas) e muitos conhecimentos (como a *expertise* em programação para descobrir dados relativos às pessoas comuns, algo muitas vezes feito pelos governos e constantemente denunciado pelo WikiLeaks) que suscitam frequentes dilemas éticos. Por isso, é preciso que o jornalista se pergunte: A quem interessa essa informação e a quem ela prejudica? Que consequências a reportagem pode trazer para pessoas inocentes? Vale lembrar, por exemplo, que o uso de câmeras escondidas costuma ser condenado por muitos profissionais.

- **Novos usos para velhas competências**: muitos pesquisadores concordam que a grande oportunidade atual do jornalismo investigativo consiste na conciliação entre velhos métodos de apuração e novos mecanismos. As competências e as habilidades esperadas dos jornalistas que pretendem aventurar-se em investigações também continuam sendo fundamentais. Entre elas, podemos destacar: ser curioso, paciente, discreto, insistente e desconfiado (Melo, 2015); ser responsável quanto às consequências do trabalho; saber manter uma relação de confiança e respeito com as fontes; manter a frieza e a objetividade na análise dos fatos; ter conhecimentos policiais e legais básicos; ser capaz de organizar-se na lida com as burocracias; saber entender estatísticas e ter segurança na interpretação de dados.

Na próxima seção, passamos à análise de outro ramo do jornalismo no contexto pós-industrial.

3.2
Jornalismo com o uso de base de dados

Já é lugar-comum dizer que hoje vivemos na era da informação. Se em outras épocas o jornalismo se sustentava, em certa medida, em uma espécie de monopólio nas mídias, hoje podemos afirmar que elas não partem apenas dele e, mais do que isso, estão espalhadas por todos os lugares – ainda que muitas delas não tenham a visibilidade que merecem, é claro. De todo modo, o cenário contemporâneo requer do profissional do jornalismo a tarefa de lidar com o excesso. Em outras palavras: no mar de informações que habitamos e no qual muitas vezes nos perdemos, uma das incumbências mais centrais do jornalista é organizar todos os dados que já estão disponíveis e interpretá-los para o leitor.

Há uma máxima definidora do ofício jornalístico (atribuída ao escritor George Orwell, mas que, na verdade, é de autoria do magnata da comunicação americano William Randolph Hearst) segundo a qual "Jornalismo é publicar aquilo que não se quer que publique. Todo o resto é publicidade". A frase é impactante e ajuda a definir as fronteiras entre duas atividades fundamentais do campo da comunicação, as quais possuem autonomia e especificidades. Ao jornalismo cabe averiguar indícios, levantar dados que estão escondidos, revelar aquilo que as fontes do poder não querem que venha à tona. A publicidade, por sua vez, se situa no lado oposto: preza pela imagem de pessoas e instituições e quer negociar espaço para que esta chegue ao público da forma mais positiva possível.

No entanto, conforme destacamos até aqui, o período histórico atual marca fortes mudanças na profissão e em seu funcionamento. Ainda que os jornalistas sejam responsáveis por desvendar a verdade – como perfeito fruto do espírito moderno iluminista, em que o jornalismo deve expressar a força da razão que se impõe sobre a tradição obscurantista ligada às autoridades e à falta de questionamento delas, conforme explica Marcondes Filho (2002) –, hoje vivenciamos um contexto de avanços tecnológicos no qual nem sempre a tarefa será apenas a de "cavoucar" os dados, mas também a de processá-los, lapidá-los, esclarecê-los, cruzá-los e, por fim, levá-los de forma clara e inteligível ao leitor.

É nesse ambiente que o jornalismo com o uso de dados surge como uma das tendências a serem exploradas, uma vez que emprega técnicas para otimizar o trabalho com a abundância de informações disponíveis. Trata-se de um conjunto de ferramentas, métodos e abordagens usados para verificar e produzir notícias. Essas técnicas compreendem desde as bastante simples e antigas (ainda que nem sempre usadas cotidianamente) até as mais avançadas ferramentas de visualização e análise de dados. O que as aproxima é um objetivo central: proporcionar informação e análise relevante sobre questões do dia a dia (Paulino, 2016).

Para Philip Meyer, professor emérito da Universidade da Carolina do Norte, o processamento dos dados deve ocorrer em dois níveis, conforme consta no *Manual de jornalismo de dados*, organizado por Jonathan Gray, Liliana Bounegru e Lucy Chambers (2012):

1. análise para estruturar e entender o fluxo de dados acerca de um assunto;
2. apresentação/arquitetura para fazer com que os dados mais importantes cheguem até o consumidor.

Além disso, é fundamental que o jornalismo de dados, tal como ocorre com a ciência, revele sempre os métodos que foram empregados para a obtenção de tais resultados, de modo que possam ser replicados pelos pares. Deve, portanto, garantir uma transparência que é fundamental ao funcionamento da profissão.

Alguns autores consideram o termo *jornalismo de dados* impreciso, pois todo trabalho jornalístico, em sua essência, parte de dados. Outros preferem chamá-lo de *jornalismo de precisão* – termo cunhado em oposição ao uso de técnicas literárias no jornalismo pela vertente do *new journalism*[3] –, enfatizando o emprego de métodos científicos na produção de reportagens, no lugar de técnicas emprestadas do texto de ficção.

> Com a adoção dos microcomputadores nas redações nas décadas de 1980 e 1990, as práticas do Jornalismo de Precisão se tornaram acessíveis e tiveram uma disseminação modesta. O termo "Jornalismo de Precisão" acabou sendo abandonado em favor de "Reportagem Assistida por Computador" (RAC), do inglês *Computer-Assisted Reporting* (CAR). (Träsel, 2013, p. 5)

Talvez uma das principais diferenças entre essas técnicas de apuração e as tradicionalmente mais usadas no exercício diário

---

3 Chama-se *new journalism* o estilo jornalístico empregado por vários repórteres americanos bastante conhecidos (como Gay Talese e Tom Wolfe) durante os anos 1960 e 1970. Consistia no emprego de técnicas típicas da literatura para a produção de textos jornalísticos com mais profundidade e esteticamente atraentes aos leitores. O estilo gerou repercussão em redações do mundo todo – no Brasil, técnicas semelhantes foram empregadas pela revista *Realidade* e são utilizadas ainda hoje nas reportagens da revista *Piauí*.

do jornalismo seja que, nesse novo formato, o dado é a principal fonte, e não uma pessoa, especializada ou não, que concederá uma declaração sobre algum fato. Não se trata, obviamente, de uma substituição de uma técnica pela outra, mas da complementação e da otimização de recursos cada vez mais disponíveis aos jornalistas.

Podemos, então, listar algumas vantagens do emprego desses métodos como parte da prática jornalística:

- O jornalismo de dados possibilita a descoberta de **pautas únicas e originais**, desatrelando as redações de sua dependência das assessorias de imprensa, cujo trabalho, quase sempre, é regido pelo interesse dos clientes (o que implica, por exemplo, publicar notícias com pouco interesse público).
- O bom manejo dos dados ajuda a **aprimorar o senso crítico** dos jornalistas, auxiliando-os a lidar melhor com seus contatos e fontes.
- Pode colaborar para o levantamento de dados relevantes para a interpretação da realidade, favorecendo a **dinâmica do jornalismo interpretativo**.
- Traz ao jornalista **segurança no manejo de informações**, pois torna-o relativamente livre do interesse das fontes, diminuindo a quantidade de "achismos" e adivinhações.
- Contribui para o importante papel jornalístico de **fiscalização do Poder Público**, uma vez que suas instituições são

obrigadas por lei a disponibilizar seus dados à população, possibilitando que jornalistas os interpretem. Assim, as técnicas libertam o jornalista da interpretação oficial das informações dada pelas autoridades.

- Pode estimular os veículos a se dedicarem à **cobertura local dos fatos** – e não apenas à reprodução de notícias regionais ou nacionais –, assumindo sua vocação mais crucial.
- Dependendo da verificação, **pode demandar poucos recursos**, possibilitando que mesmo veículos pequenos invistam nas técnicas.
- Como nem todos têm ainda o domínio dessas ferramentas, o jornalismo de dados pode operar como um **importante diferencial** para que o profissional permaneça atuante no mercado de trabalho.

Assim, é possível afirmar que essa área emergente no jornalismo é bastante promissora e caracteriza uma zona de crescimento na profissão. Soma-se a essa tendência a existência de grupos e portais que se destinam a trazer a público uma série de dados governamentais, outrora pouco conhecidos da população, além das políticas de transparência pública adotadas por vários governos.

Segundo os jornalistas Paul Bradshaw (2010) e Alexsandro Ribeiro[4] (2017), o jornalismo de dados compreende incontáveis possibilidades, mas um roteiro simples pode ser constituído dos seguintes passos:

a) **Encontrar informação**: encontrar dados envolve ter contatos e capacidades técnicas de informática específicas para buscar as informações. De todo modo, conhecer bancos de dados é o primeiro passo[5]. Estes podem vir de diversos lugares: instituições públicas, contas do governo, universidades, empresas, organizações não governamentais etc. Segundo Ribeiro, esse processo inicial consiste em uma "raspagem de uma informação bruta que será posteriormente limpada" – ou seja, interpretada, cruzada e, por fim, traduzida por meio de uma reportagem, que empregará técnicas para a visualização clara dos dados. Para investigar os dados, como em toda reportagem, deve-se começar com uma pergunta: O que pretendo descobrir? É importante que essa seja uma pergunta cuja resposta pode ser obtida por meio de números.

----

4   Jornalista paranaense, mestre em Jornalismo e um dos responsáveis pelo portal Livre.Jor, o maior veículo especializado em jornalismo de dados do Paraná.
5   Dicas de busca e indicações de bancos de dados podem ser encontradas no capítulo intitulado "Coletando dados", do já citado manual de Gray, Bounegru e Chambers (2012).

b) **Dominar as ferramentas técnicas**: o jornalista que pretende aventurar-se nessa seara deve desenvolver técnicas para pesquisar os dados. Isso envolve, por exemplo, o uso avançado de plataformas bastante populares, como o Google. É fundamental, por exemplo, ter domínio da busca por palavras-chave e saber indicar tipos de arquivos locais para restringir a pesquisa. Segundo Ribeiro, com esse conhecimento, o jornalista consegue restringir sua pesquisa dentro de um domínio e obter dados específicos.

c) **Visualizar os dados**: a tarefa de criar modos de visualização[6] e manipulação da informação, algo que historicamente ficava a cargo de programadores e *designers*, tem ficado a cargo dos jornalistas. Saber lidar com os dados otimiza o tempo do repórter e quebra certas burocracias. É possível que o repórter tenha de "limpar" dados repetidos e erros de digitação, completar tabelas ou mesmo informações faltantes (por vezes, é a conferência do trabalho de digitar os dados que estavam lançados em formatos fechados, como em PDF). Dependendo da produção, é de bom tom torná-lo disponível a outros jornalistas, de modo a evitar a duplicação do mesmo esforço. É importante também saber "brincar"

• • • • •

6   Para conhecer ferramentas úteis para visualização de dados, acesse: ONLINE JOURNALISM. **Data Journalism pt4**: Visualising Data – Tools and Publishing (comments wanted). Disponível em: <http://bit.ly/2q9XBoQ>. Acesso em: 5 out. 2017.

com o texto, tornando os dados mais visuais (usando cores e etiquetas, por exemplo), de forma a facilitar a compreensão do leitor. Ao usar gráficos, recomenda-se incluir sempre o *link* que leva até a sua fonte – já que muitas vezes os infográficos são separados dos textos que os acompanham quando circulam pela rede. Para que o jornalista esteja preparado para dominar essas técnicas, é preciso que atente a algumas instruções. É necessário aprimorar conhecimentos básicos em áreas que, ao menos em princípio, não seriam de sua *expertise*, como noções de programação, conhecimento de *softwares*, habilidade na interpretação de dados estatísticos e uso de tabelas. Ele pode ainda somar seus esforços com os de outros profissionais, como *designers*, programadores e matemáticos. Ribeiro também recomenda o uso de *softwares* comuns, como o Google Sheets e o Microsoft Excel, além de ferramentas *on-line*, como o Data Wrangler[7]. Feito o tratamento dos dados, é preciso organizar sua visualização. Uma recomendação é o uso do Infogram[8] e de plataformas semelhantes.

---

7   É uma ferramenta interativa que auxilia na "limpeza" de dados em planilhas, otimizando o tempo de análise. Disponível em: <http://vis.stanford.edu/wrangler/>. Acesso em: 5 out. 2017.
8   Essa ferramenta gratuita auxilia no desenho de infográficos e mapas. Disponível em: <https://infogr.am>. Acesso em: 5 out. 2017.

d) **Questionar e interpretar a informação**: o jornalista deve ter familiaridade com o contexto dos bancos de dados, entendendo estatísticas, jargões e demais especificidades, bem como estar apto para proceder a um bom manejo das tabelas (isso ajuda a otimizar o tempo da apuração). Ribeiro também destaca a importância de conhecer a fundo a estrutura de poder e da burocracia administrativa do Estado e ressalta que é preciso ter consciência de que existem dispositivos legais que permitem o acesso aos dados. Independentemente de qual seja a aproximação dos dados, é bastante provável que eles estejam pulverizados, quebrados ou em códigos. Nesses casos, vale a regra tradicional da profissão: uma ligação para alguma organização especializada pode auxiliar a decifrá-los. Jornalistas não são especialistas em tudo de que tratam, mas devem saber como encontrar os melhores especialistas na área em questão. Além disso, quando se manejam dados e se faz a própria interpretação, é esperado que surjam questionamentos. Para Ribeiro, o modo de lidar com isso é buscar a total isenção: com retomada de bases, consulta em várias bases, checagem e total fidelidade às metodologias de análise de dados. O jornalista paranaense apresenta ainda algumas dicas básicas para garantir a idoneidade da interpretação: comparar sempre o que é comparável (por exemplo, comparar dados de determinado período com outros de um período equivalente); analisar os dados de acordo com o contexto; disponibilizar sempre a base (como os *links* consultados) e esclarecer a metodologia usada para quem quiser percorrer o mesmo caminho. Esses cuidados garantem a seriedade do trabalho.

Por fim, indicamos alguns *links* de materiais complementares e de casos específicos de reportagens de jornalismo de dados no Brasil, caso você pretenda se aprofundar no tema:

- Os *blogs* Afinal de Contas (http://afinaldecontas.blogfolha.uol.com.br) e Estadão Dados (http://blog.estadaodados.com) são hospedados por dois dos principais jornais brasileiros (*Folha de S. Paulo* e *O Estado de S. Paulo*, respectivamente) e dedicam-se à realização de reportagens e análises com base em estatísticas.
- A série de reportagens intitulada *Diários Secretos* (http://www.gazetadopovo.com.br/vidapublica/diariossecretos), publicadas pelo jornal *Gazeta do Povo*, de Curitiba, feitas com o uso de técnicas relacionadas ao jornalismo de dados combinadas com outros tipos de investigação, revelou um esquema milionário de desvio de recursos e contratações irregulares na Assembleia Legislativa do Paraná. Para esclarecerem como se davam as contratações, os repórteres montaram um banco de dados com todas as nomeações realizadas pela

casa entre 2006 e 2010, com informações de diários oficiais impressos. O trabalho envolveu o cruzamento dos dados, os quais foram dispostos em planilhas no *software* Microsoft Excel. Por meio de extensa análise, esses profissionais descobriram casos de contratação de funcionários-fantasmas e nepotismo. A série ganhou vários prêmios, incluindo o Prêmio Esso de Jornalismo, o mais importante do cenário nacional.

- A reportagem *Retrato da violência contra a mulher no RS* (http://retratodaviolencia.org/RS/#soledade) opera como um portal que organiza denúncias de casos de violência contra a mulher por meio de um *ranking* dos municípios mais e menos violentos. A metodologia cruza estatísticas referentes a dados como idade média de agressores e vítimas, incidência de casos pelo número de habitantes e locais em que a violência mais ocorre. O mapa foi montado com dados obtidos no portal de acesso à informação do Estado do Rio Grande do Sul.

Na seção a seguir, abordaremos outra tendência na área: o jornalismo independente.

3.3
Jornalismo independente: o (possível) fim das grandes indústrias

Neste ponto, já deve estar claro que o jornalismo atravessa um momento de transição em seus modos de funcionamento. Muitos autores, como Anderson, Bell e Shirky (2013), destacam o fato de que não se pode pensar no ofício apenas como uma atividade realizada em grandes instituições com características industriais. Neste momento de mudanças intensas, uma das mais proeminentes refere-se à vasta quantidade de veículos independentes que surgem no cenário jornalístico.

Podemos, então, nos perguntar: Esse jornalismo é independente em relação a quê? Qualquer pessoa pode argumentar, com razão, que não há (ou ao menos não deveria haver) jornalismo dependente, uma vez que só é possível produzir jornalismo se os profissionais e as instituições estiverem desassociados de outros interesses, como o das fontes, que pretendem veicular suas próprias versões dos fatos, ou das empresas anunciantes, que eventualmente podem ser prejudicadas pelo conteúdo das matérias.

Por isso, no plano do ideal, todas as empresas jornalísticas devem, por essência, ser totalmente independentes das agendas de outros atores do cenário midiático. Na prática, como se sabe, não é o que ocorre, e os gestores das empresas de comunicação, assim como os jornalistas que trabalham nelas, passam parte de suas rotinas procurando formas para driblar as inevitáveis limitações aos seus trabalhos no que diz respeito às relações com outros setores.

No entanto, muita coisa tem mudado, e uma das principais alterações envolve a crise de recursos. Se, por um lado, isso desestrutura a indústria jornalística, por outro, abre caminho para que outras instituições surjam baseadas em novas estratégias, mostrando que outros modelos de funcionamento são possíveis. É nesse contexto que se percebe uma espécie de *boom* de veículos jornalísticos independentes, fundados por profissionais isolados ou pequenos grupos que prestam serviços jornalísticos bem específicos.

Essas empresas costumam estar desatreladas do *modus operandi* típico das grandes instituições e conseguem, na prática, pulverizar as fontes de informação de maneira mais plural e, por isso mesmo, mais democrática. Por *veículos independentes* podemos entender as organizações que, na maior parte das vezes, não são patrocinadas ou publicadas por instituições maiores, tampouco visam tornar-se fonte de lucro para os acionistas, mantendo a perspectiva de permanecerem autossustentáveis; contam com uma gama diversificada de fontes de renda; tendem a contratar *freelancers*, pela dificuldade de pagar salários fixos; são menos suscetíveis às mudanças do mercado; são mais ligadas à própria missão e a seu plano editorial (Paulino; Xavier, 2015).

Podemos inferir que, embora não seja exatamente recente, o fenômeno do jornalismo independente ganhou fôlego com o acesso às tecnologias. Anderson (2006) pontua que as mudanças tecnológicas possibilitaram novas modalidades de negócios, baseadas sobretudo em mercados de nicho. Para o autor, a ascensão dessa realidade – a que chama de *cauda longa*, fundamentada em uma lógica horizontal, segmentada e pulverizada – determinou que os produtos desse mercado de nicho, mesmo com baixo volume de vendas, se igualassem em receita aos produtos de grande impacto. No jornalismo, isso equivale a dizer que pequenas empresas jornalísticas (como as instituições independentes), voltadas a nichos da informação, passam a ter força em comparação com as grandes.

Em 2016, a relevância dos veículos independentes brasileiros tornou-se pauta constante na discussão acerca do futuro do jornalismo após a publicação de um mapa dessas instituições feito pela Agência Pública – ela mesma, uma redação autossustentável, sem fins lucrativos. Em suma, foi divulgada uma lista com 79 organizações[9] de jornalismo independente que merecem a

---

9   Para conhecer o projeto, acesse: AGÊNCIA PÚBLICA. **O Mapa do Jornalismo Independente**. Disponível em: <http://apublica.org/mapa-do-jornalismo>. Acesso em: 5 out. 2017.

atenção dos leitores. Por meio de uma metodologia que envolveu diversos critérios[10], a agência chegou a considerações interessantes acerca do atual panorama das iniciativas independentes brasileiras (Agência Pública, 2016):

- O Estado de **São Paulo** é o que mais concentra iniciativas independentes: 36 dos veículos mapeados são de lá. Isso revela a existência de possibilidades de expansão desses veículos menos centralizados nas grandes metrópoles, de modo a atender a demandas comunicacionais mais específicas e localizadas.
- Os veículos independentes brasileiros funcionam por **formas diferentes de sustento** – 32 organizações têm caráter comercial e 47 são sem fins lucrativos. Nem todos têm formas de financiamento bem definidas: 57 declaram ter fontes variadas de renda. A fonte mais comum ainda é a publicidade.
- As 22 instituições restantes não têm outra fonte de financiamento que não seja o **custeio dos gastos** por seus **próprios fundadores**. Há, portanto, um caminho de viabilidade financeira ainda a ser explorado.

•••••

10 Entre os critérios estão: que fossem projetos nascidos em rede, e não ligados a grupos de mídia, políticos ou empresas; que não fossem *blogs* sem interesses jornalísticos, com tom excessivamente pessoal.

- A **ascensão dos veículos independentes** ocorreu **a partir de 2006**, chegando ao ápice entre os anos de 2013 e 2015: 18 das organizações mapeadas surgiram nesse período.

- Os veículos independentes são quase sempre viabilizados em **plataforma digital**, que tem custos mais baixos que outros suportes, como o impresso ou a compra de espaço em emissoras televisivas ou radiofônicas. A maioria tem *site* próprio, mas também divulga seus conteúdos por meio de redes sociais. Dos 79 veículos, 13 existem exclusivamente como página do Facebook. Poucos apostam em estratégias diferentes, como a veiculação de *newsletters* enviadas por *e-mail* aos assinantes.

Esses dados mostram que, apesar do crescimento das iniciativas de mídia independente na última década, há um caminho extenso a ser percorrido. Podemos notar, por exemplo, que as instituições ainda estão muito centralizadas no eixo Sul-Sudeste, com especial ênfase no Estado de São Paulo, e que os jornalistas independentes ainda tateiam no que se refere às formas de custeio de seus negócios – uma vez que boa parte dessas instituições ainda é sustentada por investimentos de seus fundadores, algo que pode inviabilizar a longo prazo a permanência do projeto. No entanto, lembramos que tais aspectos são esperados e até naturais quando um novo modelo começa a se instalar.

Além disso, é preciso ressaltar que o aumento das mídias independentes se associa a um movimento mais amplo e profundo, que é o questionamento da população quanto à legitimidade dos grandes grupos de comunicação no papel de instituições que noticiam os fatos que acontecem no mundo. Ou seja, novas propostas trazem consigo a ideia de um contradiscurso em relação às mídias hegemônicas e corporativas, atendendo a uma demanda que só cresce.

Um momento central desse movimento de ascensão do jornalismo independente pôde ser visto na cobertura das manifestações contra o aumento das tarifas de transporte público ocorridas em todo o país no ano de 2013. Houve, ao longo desse episódio, um forte questionamento acerca da parcialidade da cobertura feita pelos veículos jornalísticos tradicionais, como as emissoras televisivas e os grandes jornais, gerando repercussão dos conteúdos gerados por mídias independentes, como o coletivo Mídia Ninja[11]. A partir de então, a credibilidade dessa mídia tem apenas crescido, o que indica que, em um futuro breve, essas iniciativas serão muito mais comuns e envolverão um número maior de profissionais.

11 O Mídia Ninja (cujo nome remete à abreviação de *Narrativas Independentes, Jornalismo e Ação*) configura uma rede descentralizada de mídia assumidamente de esquerda, com atuação em mais de 150 cidades no Brasil. Os materiais produzidos pelo grupo são divulgados em diversas redes sociais. Para mais informações, consulte: <https://ninja.oximity.com/>.

3.4
Jornalismo cooperativo: quando os profissionais trabalham em rede

Como já mencionamos, a era das grandes indústrias jornalísticas, que reinavam absolutas como as únicas instituições capazes de sobreviver no campo da comunicação, está em vias de ser superada. As grandes permanecem, mas passam a dividir gradativamente o espaço com outras instituições, baseadas em formatos alternativos. Um desses modelos é o do jornalismo cooperativo, que ocorre por meio de cooperativas organizadas por profissionais que trabalham e dividem os lucros igualitariamente, no lugar de funcionários submetidos a um corpo diretivo que, quase sempre, participa das decisões gerenciais, mas não da produção em si.

Esse modelo pode despontar como uma alternativa possível para a geração de empregos para profissionais em épocas em que as vagas se tornam escassas, bem como para a produção de veículos sustentáveis e coerentes com suas propostas – algo que nem sempre se sustenta em longo prazo quando as empresas estão atreladas diretamente à geração de lucros. Trata-se de uma alternativa que irrompe como opção política e econômica "em um mundo onde poucos detêm os meios de produção e se apropriam do excedente do trabalho de uma maioria que só conta com a sua própria capacidade de trabalho" (Ellwanger, 2011, p. 3).

Em outras palavras, o cooperativismo reconhece que o trabalho jornalístico se encontra, em seus modelos tradicionais, vinculado às condições intrínsecas da estrutura capitalista e industrial. Caberia então ao profissional da área reconhecer-se como um trabalhador como qualquer outro, que exerce seu ofício para sustento dos donos da mídia, recebendo uma porcentagem pífia do lucro gerado por seu produto e influenciando minimamente o conteúdo abordado pelo veículo (Cabral, 2013). Diante dessa constatação, o cooperativismo, baseado nos princípios da economia solidária, é uma alternativa possível no mercado.

Assim, Cabral (2013) assinala as vantagens do modelo cooperativo em relação ao capitalista:

- No modelo cooperativo, **os associados têm direito a voto**; no capitalista, só vota quem tem participação no capital da sociedade.
- O modelo cooperativo **produz "sobras" (lucros) para seus associados**; no capitalista, os lucros ficam restritos aos acionistas.
- Em sua essência, **o modelo cooperativo é mais democrático**; no capitalista, os sócios têm sempre maior autoridade.
- No modelo cooperativo, **há sócios que prestam serviços**; no capitalista, há empregados que realizam tarefas.

Vale observar que o jornalismo cooperativo é ainda pouco explorado no país, diferentemente do que ocorre em alguns lugares da América Latina. Talvez a experiência mais conhecida de um sistema cooperativo de jornalismo no Brasil tenha sido a Cooperativa de Jornalistas de Porto Alegre (CooJornal), um jornal fundado em 1974, que teve um importante papel na resistência à ditadura militar. O veículo era de propriedade e administração dos próprios jornalistas e chegou a contar com 350 associados. Operou por nove anos e sua extinção se deu justamente por repressão dos militares, com ações de censura, prisão de jornalistas e pressão exercida sobre os anunciantes do jornal.

Há iniciativas já consolidadas em outros países e algumas em desenvolvimento no Brasil. Listamos algumas delas a seguir.

- **Cooperativa Desacato**[12]: com sede em Florianópolis, foi fundada em 2011, com o objetivo de ser um veículo independente e apartidário e de dar voz e visibilidade às demandas populares. Defende os princípios da autogestão e da desvinculação do dinheiro público e mesmo da subvenção de grandes empresas, que muitas vezes apoiam organizações no intuito de fazer lavagem de dinheiro. A cooperativa produz em diversos suportes, como portal, redes sociais e revistas, além de prestar serviços jornalísticos que podem ser contratados.

---

12   Disponível em: <http://desacato.info>. Acesso em: 5 out. 2017.

- **Cooperativa dos Jornalistas e Gráficos de Alagoas (Jorgraf)**: nascida em 2007 após a falência do jornal *Tribuna de Alagoas*, a Jorgraf tem direção assumidamente paritária: 50% dos diretores são jornalistas e 50% são gráficos. Tem dois produtos principais, o jornal *Tribuna Independente* e o portal Tribuna Hoje[13], além de prestar serviços jornalísticos e gráficos sob demanda.

- **Deca**[14]: essa cooperativa internacional reúne jornalistas (são 11 profissionais premiados) espalhados pelo mundo (em cidades como Roma, Londres, Barcelona, Nova Iorque e Beirut) que produzem histórias e as divulgam em uma estratégia coletiva, aos moldes de agências fotográficas como a Magnum. A proposta do grupo é unir esforços que possibilitem a produção de reportagens em profundidade, as quais são mais custosas e, por isso mesmo, nem sempre conseguem ser financiadas por veículos de perspectiva mais imediatista.

- **Detroit Journalism Cooperative**[15]: constituída de cinco instituições, essa cooperativa tem como foco histórias relacionadas às representações étnicas, como as das comunidades

---

13 Disponível em: <http://www.tribunahoje.com>. Acesso em: 5 out. 2017.
14 Disponível em: <https://www.decastories.com>. Acesso em: 5 out. 2017.
15 Disponível em: <http://www.detroitjournalism.org>. Acesso em: 5 out. 2017.

árabe e muçulmana. O lema da cooperativa é *"Telling your stories"* (Contando suas histórias).

Desse modo, o jornalismo cooperativo, ainda que não seja muito explorado no Brasil, é um possível caminho de ser percorrido, uma vez que sinaliza novas alternativas editoriais e econômicas para a geração de veículos comunicacionais diferenciados e conectados com as demandas de uma parte da população que nem sempre é atendida pelos veículos hegemônicos.

Síntese

Ao longo deste capítulo, analisamos algumas modalidades do jornalismo que têm sido valorizadas no contexto pós-industrial. Conforme esclarecemos, a ideia era identificar as competências e as habilidades que tendem a ser privilegiadas no atual momento histórico.

Assim, abordamos aqui quatro ramos do jornalismo: o jornalismo investigativo, que enfrenta impasses e oportunidades; o jornalismo com o uso de base de dados, que enfatiza a disponibilidade de informações para o tratamento dos jornalistas; o jornalismo independente, que está atrelado a uma crise de credibilidade dos veículos hegemônicos e ao surgimento de novos formatos de financiamento dos negócios jornalísticos; e o jornalismo cooperativo, que se expressa como alternativa para viabilizar o trabalho em rede e o propósito de os próprios jornalistas unirem forças e fundarem as próprias instituições.

Para saber mais

GARCIA, R.; ROSA, M. J. V.; BARBOSA, L. **Que número é este?** Um guia sobre estatísticas para jornalistas. Lisboa: Fundação Francisco Manuel dos Santos, 2017. Disponível em: <https://www.ffms.pt/FileDownload/f7fe173e-bfb2-46d1-8db7-3333fc420989/que-numero-e-este>. Acesso em: 31 out. 2017.

Lançado na forma de *e-book*, o livro funciona como um guia básico para auxiliar jornalistas na interpretação de números e estatísticas, trazendo maior segurança ao trabalho feito com o uso de dados.

O SOL: caminhando contra o vento. Direção: Tetê Moraes. Brasil, 2006. 95 min.

O documentário conta a história do jornal *O Sol*, importante periódico da imprensa alternativa produzido durante a época da ditadura militar no Brasil (sua publicação durou apenas seis meses). Tinha como proposta a criação de um veículo independente, desatrelado da visão associada à mídia hegemônica. O jornal ficou eternizado na música "Alegria, alegria", de Caetano Veloso, nos versos: "O Sol nas bancas de revista/me enche de alegria e preguiça/quem lê tanta notícia?". Entre os intelectuais que apresentam seu depoimento sobre o jornal estão Chico Buarque, Ruy Castro, Gilberto Gil, Fernando Gabeira, Gilberto Braga etc.

SNOWDEN: herói ou traidor. Direção: Oliver Stone. EUA, 2016. 134 min.

O filme trata da vida de Edward Snowden, funcionário da Agência de Segurança Nacional dos Estados Unidos. Pelas mãos dele vazaram documentos fundamentais, que chegaram aos repórteres do jornal *The Guardian*, com a intenção de expor o nível de vigilância praticado pelo governo americano. Como consequência, Snowden teve seu passaporte anulado e teve de se exilar na Rússia, onde vive até o momento. A história se relaciona com iniciativas independentes como o WikiLeaks, cujo mentor, o jornalista Julian Assange, está asilado até hoje na embaixada do Equador em Londres.

Perguntas & respostas

Neste capítulo, tratamos de um dos aspectos mais proeminentes do jornalismo no Brasil: o da independência, ou seja, o surgimento de instituições jornalísticas que se valem de novas formas de subvenção e identificam novos focos na produção da notícia, diferentemente do que ocorria com as grandes empresas jornalísticas tradicionais. Quais vantagens essas novas instituições costumam ter?

Por serem empresas menores, que dependem de menor capital, elas podem encontrar formas de sustento inovadoras, tornando-se viáveis com mais facilidade. Costumam depender de uma estrutura física menor para funcionar e, por não serem ligadas a grupos familiares tradicionais ou a conglomerados de comunicação, tendem a ter mais liberdade editorial, concretizando um jornalismo mais isento. Além disso, podem se dedicar a focos de interesse de nicho, aprofundando-se em temas que não costumam ser abordados pela grande imprensa.

Questões para revisão

1. No que diz respeito às particularidades do jornalismo investigativo, analise as seguintes afirmações:
    I) Um marco no jornalismo investigativo é o surgimento do site WikiLeaks, que alcançou visibilidade ao denunciar tramas políticas no Brasil, o que levou aos processos de investigação da Operação Lava Jato.
    II) Um dos caminhos para o futuro do jornalismo investigativo é o trabalho cooperativo entre profissionais

espalhados por diferentes países. É o que ocorre, por exemplo, com o *site* WikiLeaks.

III) É comum que reportagens investigativas surjam sob encomenda do governo.

IV) A reportagem investigativa é, por natureza, bastante custosa aos veículos jornalísticos.

Estão corretas apenas as afirmações:

a) I e III.
b) I e IV.
c) II e IV.
d) I, II e III.
e) Todas estão corretas.

2. Assinale a alternativa que melhor traduz o significado da seguinte máxima:

"Jornalismo é publicar aquilo que não se quer que publique. Todo o resto é publicidade."

a) A publicidade é, desde o início do jornalismo, a fonte fundamental de seu sustento financeiro.
b) A publicidade é a principal responsável pela derrocada da reputação do jornalismo.
c) O jornalismo cooperativo é o único caminho viável para a profissão.

d) O jornalismo é sempre superior à publicidade.

e) Trata-se de um dos fundamentos do jornalismo investigativo: o de fazer vir à tona denúncias de irregularidades que as autoridades se esforçam para que não venham a público.

3. Qual das alternativas a seguir **não** descreve um dos passos que devem ser contemplados pelo jornalismo realizado com o uso de base de dados?

   a) É preciso compreender minimamente o funcionamento da burocracia do Estado e das leis de acesso aos dados públicos.

   b) É preciso exibir com clareza o método usado para a obtenção e a análise dos dados.

   c) É preciso dominar algumas ferramentas básicas para otimizar a análise e organizar a exibição dos dados.

   d) É preciso ter habilidades para *hackear* portais de empresas e instituições públicas, de modo a descobrir dados escondidos.

   e) É preciso garantir a segurança na interpretação dos dados e, sempre que necessário, recorrer a fontes especializadas para confirmar a análise.

4. De que forma a ascensão do jornalismo independente se relaciona à atual situação das empresas tradicionais de mídia?

5. Cite três características marcantes do jornalismo cooperativo.

Questão para reflexão

1. Neste capítulo, fizemos menção ao Mapa do Jornalismo Independente, publicado em 2016 pela Agência Pública. Nesta atividade, propomos que você o investigue com cuidado, de modo a tentar compreender mais elementos relacionados ao jornalismo independente no Brasil. Visite todos os *sites* indexados e faça suas observações sobre os seguintes aspectos: Quais são as linhas editoriais dos veículos independentes brasileiros? Quais são as temáticas abordadas? São mídias generalistas ou focadas em temas específicos? São locais ou nacionais? Há anúncios publicitários nos *sites*? Os veículos explicitam de que forma se sustentam? Os veículos se utilizam de financiamento coletivo? Quais são as redes sociais que esses veículos utilizam para divulgar seus conteúdos? O veículo abre espaço para o envio de conteúdos amadores? Como isso é aproveitado? Com base nesse estudo, proponha linhas gerais para a criação de um novo veículo jornalístico.

Capítulo
04

Novos formatos e métodos na produção de conteúdos jornalísticos

Conteúdos do capítulo:

- Novidades e tendências no jornalismo.
- Uso de conteúdos amadores no jornalismo.
- Tendências na *web*, nas redes sociais, em texto e em vídeo.
- Usos de redes sociais no jornalismo.
- *Storytelling* e *chatbots*.
- Realidade virtual no jornalismo.

Neste capítulo, examinaremos as especificidades da produção jornalística no que diz respeito às principais tendências e novidades na área. Abordaremos com mais detalhamento o inevitável aumento dos conteúdos amadores, o que configura a ascensão do que muitos chamam hoje de *jornalismo colaborativo*.

Assim, daremos início ao capítulo com uma reflexão sobre o que significa esse crescimento de materiais produzidos pela população, propondo, por fim, um pequeno guia prático para o aproveitamento desses conteúdos. Ao final, analisaremos também as tendências emergentes para a produção de narrativas em diferentes linguagens.

4.1
Jornalismo colaborativo: quando os profissionais dividem espaço com os cidadãos

Uma das mudanças mais fortes e impactantes na área é a perda da exclusividade na comunicação. Se antes os jornalistas tinham um maior domínio da fala pública sobre os fatos (ou seja, eram os principais responsáveis por dizer à população "o que está acontecendo no mundo"), hoje dividem o espaço com outros incontáveis atores sociais. O avanço das tecnologias, o acesso à internet e a popularização das ferramentas tecnológicas muniram as pessoas de novos poderes, entre os quais comunicar-se em larga escala sem depender mais dos grandes meios de comunicação.

É claro que isso acarreta profundas alterações no ecossistema jornalístico. Conforme já esclarecemos ao longo deste livro, podemos afirmar que o jornalista perdeu o monopólio da notícia dentro das próprias mídias: agora, precisa adequar seu trabalho ao fluxo contínuo de informações vindas de todos os lugares. Nesse cenário, as relações com a audiência – especialmente nas redes sociais – passam a ser valorizadas como uma forma de fazer as mídias voltarem a ser relevantes e lucrativas (Specht, 2017). Segundo Klatell (2014a), até pouco tempo atrás, os profissionais da comunicação torciam o nariz para esses conteúdos; hoje em dia, todos se interessam por eles.

Ao contrário do que poderíamos pensar, este é um momento em que o papel do jornalista se fortalece, uma vez que é necessário mediar o acesso a uma informação de qualidade. É um desafio no qual a própria profissão passa a ser reavaliada, já que o volume de conteúdos vindos de toda parte faz com que a população se torne mais cética quanto ao próprio jornalismo. Como afirma Costa (2014, p. 88), o fato de que hoje qualquer cidadão pode escrever, fotografar, filmar e até dar furos "não elimina a necessidade do jornalismo, mas altera a sua função. Se o jornalista não entender bem este papel de coadjuvante, não vai conseguir trazer sua experiência para o palco no sentido de filtrar e contextualizar".

Que fique claro: o papel de coadjuvante, como se refere o autor, não deve ser entendido como uma função menor, mas como alguém que agora divide certas tarefas da produção com não profissionais. Em parte, isso se dá porque os jornalistas não conseguem estar em todos os lugares e, para as empresas, torna-se praticamente irresistível aproveitar aquilo que as pessoas enviam o tempo todo. Assim, cada vez mais os veículos de comunicação fazem uso cotidianamente de conteúdos amadores – também chamados de *conteúdos gerados por usuários* – CGUs (do inglês *user-generated contents* – UGCs).

Nem todos os cidadãos têm a mesma intenção ou o mesmo propósito quando resolvem reservar parte do seu tempo para enviar conteúdo a algum veículo jornalístico. Ao observar a dinâmica da participação do público no envio de informações ao jornal *Extra*, Specht (2017) identificou três principais categorias de leitores[1], o que ajuda a compreender como ocorre essa contribuição:

1. **Leitor-protagonista**: é personagem principal da história. Sua pauta tem a ver com algo que aconteceu com ele, com algum parente ou amigo. Ao enviar o material, requisita alguma visibilidade para o seu caso. Situações comuns são as que envolvem descaso de entidade pública ou episódios de violência.

---

1 Specht (2017) alerta que essas categorias são flexíveis e podem se desdobrar em uma mesma participação feita por um leitor.

2. **Leitor-testemunha**: não está diretamente envolvido no fato, mas desempenha uma postura de testemunha ocular. É aquele que envia ao veículo algo que viu em primeira mão e que acredita ser de interesse jornalístico.
3. **Leitor-alerta**: é o que entra em contato com o veículo para corrigir alguma informação que foi publicada ou sugerir novas abordagens ou fontes que podem modificar o rumo de uma apuração.

Esses conteúdos gerados pela população podem ser de todo tipo, como vídeos, pautas, fontes diversas, informações isoladas – enfim, toda forma de participação externa que, de alguma maneira, se relaciona com a cadeia produtiva do fazer jornalístico. Nas categorias de interatividade propostas por Rost (citado por Specht, 2017), podemos descrever essas participações como *modalidades de interatividade comunicativa*, a qual ocorre quando os cidadãos estabelecem algum tipo de relação com a produção da notícia: quando, por exemplo, registram comentários nas notícias, enviam informações, mandam fotos etc.

A atração dos veículos jornalísticos por esses conteúdos amadores se justifica por uma concepção que preza o imediatismo e a exclusividade de acesso à informação. Em outras palavras, os jornalistas refletem: se há algo acontecendo em algum lugar do mundo e um cidadão manda um vídeo em primeira mão revelando um ângulo inédito, um registro trêmulo de uma testemunha ocular do fato, como não levar esse flagrante ao público? Afinal – assim pensam os jornalistas –, as pessoas querem saber!

É aí que se apresentam os riscos e o papel central do jornalista no campo da comunicação. A sedução do "flagrante", que muitas vezes (se não todas) não é feito com o rigor que se pressupõe no jornalismo, faz com que as empresas sejam tentadas a divulgar materiais por vezes irrelevantes, apressados, incomprovados ou mesmo mentirosos. Se não houver uma boa política para o uso desses conteúdos amadores, eles tendem a levar à desorganização da informação e a uma banalização da notícia.

Vejamos, por exemplo, a pesquisa feita por Wardle, Dubberley e Brown (2014) a respeito de oito emissoras internacionais, no intuito de verificar como estão usando os CGUs nas suas rotinas:

a. os conteúdos gerados por usuários são utilizados pelas empresas jornalísticas diariamente de modo a **produzir histórias que não seriam** – ou não poderiam – ser contadas sem eles. Entretanto, são usados com mais frequência quando outras imagens (as geradas pelos próprios veículos) não estão disponíveis;

b. há uma **considerável confiança nas agências de notícia** na busca e na verificação dos CGUs, e não padrões unificados para o trabalho com este conteúdo;

c. as empresas de notícias **têm pouco discernimento** de quando estão usando CGUs e não costumam creditar os indivíduos que capturaram o material;

d. os responsáveis pelas empresas de notícia frequentemente **não têm consciência das complexidades** envolvendo o trabalho diário de descobrir, verificar e observar a legislação acerca dos CGUs. Por consequência, as equipes de muitas redações não recebem o treinamento e apoio necessários para trabalhar com este conteúdo;

e. o **impacto vicário** causado pelas imagens geradas pelos usuários é uma questão importante para os jornalistas que trabalham diariamente com CGUs. Estes jornalistas entendem que se trata de um impacto diferente do causado pelos conteúdos normais do jornalismo;

f. entre os empresários de comunicação, **há um medo** que futuramente questões legais impactem sobre o uso das CGUs pelas organizações. (Martins, 2017, p. 39, grifo nosso)

> Mas se há, então, tantas ressalvas ao uso de conteúdos amadores no jornalismo, por que eles se tornam cada vez mais corriqueiros nas empresas?

Em resumo, o fenômeno é uma realidade que veio para ficar, ou seja, as pessoas vão continuar a fazer registros e produzir conteúdos que podem ou não ter relevância jornalística. Fechar os olhos para isso (por exemplo, banir todo tipo de contribuição vinda da população dentro de um jornal) é negar a realidade e, pior, ficar atrás de veículos concorrentes.

No entanto, há muito ainda a avançar. Há um risco enorme de que o mau emprego dos CGUs acabe por prejudicar a qualidade do jornalismo – e cabe aos próprios jornalistas cuidar para que isso não aconteça.

∴ Produzindo jornalismo com base em conteúdos enviados ou gerados por usuários: um pequeno manual prático

Há alguns anos, quando as tecnologias começaram a se popularizar entre os cidadãos comuns, houve uma espécie de deslumbre entre os pesquisadores e os próprios jornalistas, que começaram a referir-se ao fenômeno então observado empregando termos como *jornalismo cidadão* ou *jornalismo participativo*. Basicamente, celebrava-se a participação amadora no processo de produção jornalística, o que quebraria barreiras entre produtores e receptores e faria com que o público se sentisse mais próximo ou representado pelas notícias.

A médio prazo, entretanto, essa bandeira do jornalismo cidadão acabou eventualmente se revelando mais uma estratégia de *marketing* do que qualquer outra coisa. Em suma, o que se viu, muitas vezes, foi uma inflação de conteúdos enviados pela audiência que, na maior parte das vezes, tinham baixa relevância jornalística. É o caso, por exemplo, de um programa televisivo que insere vídeos engraçados em sua programação ou alguma imagem impactante capturada de forma amadora (como uma cena de um acidente), sem que haja uma análise mais aprofundada dos efeitos dessa ação.

Isso não significa, certamente, que devemos fechar os olhos para algo real: hoje os CGUs fazem parte do cenário da produção jornalística, e o público tende a se sentir mais atraído por essa informação amadora do que pela concretizada por profissionais da comunicação.

Mas por que as empresas jornalísticas utilizam tanto os CGUs em suas práticas cotidianas? Vejamos algumas hipóteses:

a. Operam rumo a uma aproximação (e mesmo fidelização) com seu espectador, concretizando uma espécie de **marketing da interação**, uma vez que promovem o sentido de participação do público na produção jornalística [...];

b. **Facilitam a produção jornalística**, sempre atrelada a rotinas pressionadas por fatores temporais, logísticos e humanos – posto que os conteúdos das câmeras costumam ser cedidos espontaneamente ou a baixo custo por quem os registrou, possibilitando um certo barateamento na produção;

c. Garantem aos noticiários jornalísticos o efeito estético de que assistimos a um registro genuíno, **repleto** de autenticidade, que rompe com os ditames do fazer jornalístico e que, além disso, transgride os formatos já consolidados e esgarçados pelo uso. Estes materiais são utilizados pelas emissoras também porque contemplam um espectador inserido em um processo de midiatização e que tende a desconfiar dos meios de comunicação hegemônicos, que agora pode acessar imagens que – aparentemente – escapam do olhar ideologizado das grandes mídias. (Martins, 2017, p. 76, grifo nosso)

Por todas essas razões, não faz o menor sentido negar a existência desse fenômeno. É necessário fazer uma discussão constante sobre como reconhecer essa novidade e o que se faz com ela. A citação a seguir refere-se à posição dos pesquisadores da Universidade de Columbia:

Em linhas gerais, o fato de que ao menos parte daqueles que produzem notícias estejam trabalhando de graça significa que um mundo de informação limitada hoje virou um mundo de informação infinita, em geral não processada. Isso cria um desafio geral para instituições jornalísticas: como criar novos processos e procedimentos institucionais para ir de um mundo no qual a informação era escassa para outro no qual há fartura de informação. (Anderson; Bell; Shirky, 2013, p. 63)

A questão a ser abordada aqui é **como** fazer a gestão dessa produção amadora para que ela agregue valor à informação, e não o contrário. Para tanto, propomos algumas ideias de como consolidar em uma instituição uma política clara para tratar desse assunto e que possa ser adotada (e zelada) por todos os seus profissionais.

A intenção é que as orientações apresentadas na sequência funcionem como uma espécie de manual para que os jornalistas utilizem de forma otimizada aquilo que a população produz.

- **Preparação prévia**: muitas vezes, conteúdos amadores serão usados em notícias de última hora (desastres, acontecimentos imprevistos etc.). Por isso, é importante ter um plano claro a ser executado quando isso acontecer.
- **Definição dos canais**: o veículo precisa estabelecer os canais que utilizará para o contato com a população. É necessário que eles se encaixem em uma lógica interna da própria redação – é desagradável, por exemplo, se o contato telefônico disponibilizado para isso nunca funcionar. Por isso, é fundamental definir e tornar públicos os caminhos para chegar até o veículo. Muitos jornais, por exemplo, têm usado do dinamismo do WhatsApp. No entanto, é preciso ter um processo organizado para não deixar o público sem respostas.
- **Cuidado**: é bastante provável que surjam nas redações dos veículos jornalísticos inúmeras imagens, enviadas espontaneamente, algumas delas impactantes ou sedutoras. Por

exemplo, durante um acontecimento de última hora, como uma rebelião em um presídio ou uma inundação em uma cidade, pode ser que a redação receba uma série de imagens espetaculares sobre o fato, mostrando em primeira mão o ocorrido. A primeira recomendação quando isso acontece, segundo Silverman (2014), é desconfiar do que parece muito bom para ser verdade. Para o autor, sempre que acessar uma nova informação trazida por uma fonte, o jornalista deve se perguntar: Como a fonte sabia disso? Esse questionamento deve sempre levantar dúvidas sobre as intenções da fonte ao fazer circular certos dados.

- **Fontes tradicionais**: novamente, cabe um lembrete sobre a necessidade de desconfiar daquilo que vem fácil. Utilizar os CGUs não significa abrir mão das formas tradicionais de apuração. Antes de publicar esses conteúdos, é essencial consultar fontes mais confiáveis (defesa civil, polícia, prefeitura etc.).
- **Métodos inovadores**: é importante familiarizar-se com as novas ferramentas. Por exemplo: o uso inteligente (e não preguiçoso) das redes sociais para conferir dados pode ser útil. Foi assim que os jornalistas do jornal *Gazeta do Povo*, responsáveis pela série de reportagens *Diários Secretos*[2], verificaram alguns dados. Outras ferramentas possíveis são: *softwares*

---

2   A série de reportagens *Diários Secretos* foi comentada na seção "Jornalismo com o uso de base de dados", no terceiro capítulo.

que analisam fotos, *sites* de busca como o Google, redes sociais como o Twitter[3] etc.

- **Hierarquização e organograma:** o estabelecimento de canais fixos para a interação com o público costuma levar ao recebimento de uma grande quantidade de materiais, e boa parte deles será de pouca utilidade. Por isso, o veículo que instala tais canais precisa sempre organizar uma estratégia clara de como esses conteúdos serão gerenciados. Caso contrário, eles podem acarretar a perda de um tempo precioso para a redação, tornando-se contraproducentes. Conforme verificado por Specht (2017) na experiência do jornal *Extra* – pioneiro na criação de um canal de comunicação com os leitores via WhatsApp –, muitas mensagens recebidas não têm teor jornalístico, como comentários genéricos, pedidos de emprego, reclamações, indicação de erros de digitação, pedidos de receitas culinárias. Segundo informação fornecida por Vivianne Cohen, editora-executiva do *Extra*, a Specht (2017), cerca de 80% do material recebido não é aproveitado. Assim, é imprescindível um organograma para mediar o fluxo desses conteúdos e otimizar o tempo de todos, empregando,

---

3 A ferramenta TweetDeck é bastante útil para o monitoramento de certos temas e para a filtragem das informações desejadas, otimizando o trabalho do jornalista. Para acessar a descrição da apuração de um fato por meio do uso do TweetDeck, consulte o texto de Anthony De Rosa que consta na obra organizada por Silverman (2014), disponível em: <http://verificationhandbook.com/downloads/verification.handbook.pdf>. Acesso em: 26 jan. 2018.

por exemplo, recursos de automatização para triagem das mensagens e profissionais alocados exclusivamente para esse trabalho. No jornal *Extra*, por exemplo, os materiais são recebidos por estagiários, que filtram e redistribuem o que foi recebido. É importante buscar atender o usuário desse canal, mesmo quando se trata de um material não publicável: no caso, por exemplo, de pedido de emprego, o usuário recebe um *link* que direciona a uma página das Organizações Globo na qual pode cadastrar seu currículo (Specht, 2017).

- **Triangulação**: conforme já mencionamos, normalmente os conteúdos gerados por usuários chegam aos jornalistas com certa facilidade, e estes devem sempre resistir à sedução de veicular os materiais sem fazer as devidas verificações. O repórter deve sempre confrontar tudo que é posto como verdade e estimular a triangulação de uma informação, isto é, buscar consolidar um fato tomando como base pelo menos três tipos de fontes: uma oficial (autorizada para falar de tal assunto), uma especializada (que observa a informação com distanciamento, mas com melhores possibilidades de análise) e uma ilustrativa (uma personagem cuja vida tenha sido afetada por tal acontecimento). Normalmente, o conteúdo que vem espontaneamente do público representa apenas uma fonte do tipo ilustrativa, com pouca autoridade para falar de um fato.

- **Trabalho coletivo**: uma das razões pelas quais os conteúdos amadores são cada vez mais usados no jornalismo é o fato de possibilitarem que os jornalistas acessem registros que não conseguiriam obter por si mesmos. Ou seja, seu aproveitamento revela a necessidade de que a prática jornalística se abra a colaborações externas. Portanto, é fundamental que os profissionais formem uma rede para trabalhar, como no caso da verificação desses conteúdos, que muitas vezes são enviados para diversas empresas, e não apenas uma. Trata-se de uma estratégia importante que ajuda a evitar erros.
- **Controle das emoções**: para o bom exercício de seu ofício, o jornalista tem de zelar para que o lado emocional, do qual jamais pode se desconectar, não interfira no que é crucial ao trabalho: a tarefa de reportar os fatos do mundo como eles são ou chegar o mais próximo disso. Ao lidar com testemunhos vindos da população, isso é ainda mais decisivo. É possível que, na rotina diária, o jornalista receba imagens ou textos impactantes emocionalmente, como flagrantes de violência, textos longos com depoimentos exclusivos sobre vivências chocantes etc. A responsabilidade nesses casos aumenta exponencialmente. Divulgar um relato falso ou uma imagem duvidosa pode causar danos irreparáveis. A reflexão, nesses casos, precisa ir além, deve envolver questionamentos como: Por que, afinal, meu veículo deve divulgar uma imagem de uma criança sendo abusada ou de um animal

sofrendo torturas? Em que medida esse registro carrega alguma informação útil ao público ou simplesmente serve para causar emoções (em outras palavras, provoca efeitos de sensacionalismo)?

- **Parcialidade dos testemunhos**: é provável que algumas dessas contribuições do público sejam relatos de quem vivenciou algum fato e quer levá-lo à imprensa (e legitimá-lo por meio dela). Assim, como o acesso às mídias é hoje mais facilitado, é possível que o profissional seja procurado por pessoas que passaram por essas situações extraordinárias, como alguém que sobreviveu a um acidente aéreo ou testemunhou uma tragédia conhecida. O jornalista Steve Buttry (citado por Silverman, 2014) registrou esta recomendação: as memórias podem ser sedutoras, mas quase sempre contêm falhas naturais, oriundas da perspectiva limitada daquele que as tem guardadas. É preciso proceder sempre à verificação daquilo que está sendo narrado. Se dizer a verdade é o objetivo máximo, a verificação precisa ser o padrão do trabalho. Por isso, é necessário sempre questionar a fonte que traz o depoimento: Existem vídeos, fotografias, documentos que comprovem o relato? Com esses materiais em mãos, é possível checá-los com outras fontes?
- **Uma imagem não vale mais que mil palavras**: hoje estão disponíveis incontáveis meios para verificação de uma informação, diferentemente do que ocorria há alguns anos.

As cidades, por exemplo, estão cobertas por câmeras – sejam os celulares nas mãos das pessoas, sejam as câmeras de segurança. Portanto, tudo o que acontece está, em alguma medida, sendo capturado em algum registro, e essas imagens poderão chegar até um jornalista. É preciso, no entanto, manter alguma desconfiança quanto a esses vídeos. Eles podem ser editados; inevitavelmente, captam apenas partes de uma história; muitas vezes, as imagens estão cercadas de um discurso que faz com quem sejam observadas sob certo sentido, em detrimento de outros possíveis. Dito de outra forma, não é válido o clichê de que uma imagem vale mais que mil palavras; de fato, é possível que um vídeo "fale menos" do que as palavras escolhidas para narrá-lo.

Na sequência, vamos tratar das especificidades técnicas que caracterizam a produção de narrativas em diferentes linguagens.

4.2
Tendências no jornalismo para *web*

Primeiramente, é necessário considerar a história do webjornalismo, que é ainda bastante recente.

Desde o surgimento das primeiras formas jornalísticas na *web*, o jornalismo já enfrentou diversas mudanças e atravessou uma série de fases, o que culminou em novas rotinas de produção e em formatos narrativos mais adaptados aos usuários. Portanto, é fundamental compreender os modos de funcionamento das notícias *on-line*, com olhar crítico à sua produção. Entre as fases já vivenciadas pelo jornalismo na *web*, Conde (2013) lista quatro centrais, às quais Barbosa (2013) agrega uma quinta:

1. **Fase da transposição**: na primeira fase, os produtos oferecidos eram meras transposições dos jornais impressos para o ambiente *on-line*.

2. **Fase da metáfora**: aqui os produtos para *web* começaram a experimentar novas potencialidades e alternativas. Nessa fase, os produtos ainda eram cópias das versões impressas, mas já havia a presença de outros elementos, como *links*, campo para contato entre jornalista e leitor e exploração do hipertexto.

3. **Surgimento do webjornalismo**: na terceira fase, teve início uma exploração mais densa das características da *web*, como a criação de produtos exclusivos para a internet.

4. **Jornalismo digital em base de dados (JDBD)**: o uso de base de dados como um elemento estruturante do jornalismo passou a ser uma característica distintiva na quarta fase.

5. **Jornalismo na intersecção com as mídias móveis**: nesta quinta e atual etapa, ocorre o desenvolvimento do jornalismo nas redes digitais, e as mídias móveis se tornam agentes centrais no circuito de inovação. Nesse contexto, não se pensa

mais no jornalismo para *web* como um desdobramento ou ramificação das mídias tradicionais, uma vez que essa oposição (entre novas e velhas mídias) não faz mais sentido.

Nesse contexto, a lógica não é de dependência, competição ou de oposição entre os meios e seus conteúdos em diferentes suportes, característica de etapas anteriores do jornalismo, principalmente quando o examinamos a partir do surgimento das versões de produtos jornalísticos para a web. O cenário atual é de atuação conjunta, integrada, entre os meios, conformando processos e produtos, marcado pela horizontalidade nos fluxos de produção, edição e distribuição dos conteúdos, o que resulta num *continuum* multimídia de cariz dinâmico. (Barbosa, 2013, p. 33)

Na atual fase que rege a produção jornalística, há conteúdos criados, editados, produzidos e divulgados totalmente por meio de tecnologias digitais e em rede, focando sobretudo as mídias móveis (como celulares e *tablets*), os quais se configuram como agentes propulsores de uma nova fase de inovação (Barbosa, 2013).

Nesse contexto, destacam-se os aplicativos jornalísticos autóctones, ou seja, os *softwares* nativos das redes digitais, que divulgam material exclusivo, totalmente diferente do veiculado nas demais plataformas digitais e mesmo na versão impressa dos jornais. Esses programas costumam ser desenhados por equipes específicas e fazem uso de recursos diferenciados. Segundo Barbosa (2013), é nesses produtos que a inovação está ocorrendo de maneira mais consistente.

A esta altura, você certamente já compreendeu que a internet trouxe – e traz, em um processo contínuo e incessante – mudanças profundas nas formas pelas quais conteúdos jornalísticos são produzidos. A realidade é que a presença do jornalismo no ambiente digital o modificou profundamente em vários aspectos e cabe a todo jornalista atentar para isso.

É preciso esclarecer que o jornalismo deve fazer um uso crítico de todas as possibilidades da *web*. Desse modo, os profissionais têm de aprender novos meios de apresentar conteúdos jornalísticos, um tanto diferentes dos que eram elaborados há alguns anos para veículos *off-line*, como a televisão, a revista, o rádio e o jornalismo impresso. É importante fazer um emprego consciente do vasto universo de recursos da rede, mantendo-se, é claro, a essência do jornalismo de qualidade.

Por isso, ao longo deste livro, mencionamos uma série de tendências que não podem ser desconsideradas no cenário atual, sob o risco de não se conseguir criar instituições de jornalismo de sucesso, tanto no que diz respeito à sobrevivência comercial quanto no que se refere ao propósito de fazer o produto chegar ao leitor/espectador e cativá-lo. Em outras palavras, "para sobreviver, os produtos digitais devem ser desenhados para o consumo em todas as plataformas de sucesso junto ao público" (Costa, 2014, p. 92).

Um dos caminhos para essa boa concretização do trabalho jornalístico é reconhecer que hoje – e cada vez mais – boa parte dos profissionais atua como *mobile journalists*, ou seja, são jornalistas cuja lógica de trabalho já se encontra profundamente alterada pela mobilidade trazida pelas ferramentas tecnológicas. São repórteres que produzem vídeos direto dos acontecimentos, enviam a distância furos de reportagem e aprendem a manejar os dispositivos em busca de uma informação mais completa e para que possa ser veiculada em diferentes mídias.

É claro que essa realidade tem algumas consequências negativas, como o fato de que jornalistas mais antigos, com maior *background*, podem sentir dificuldades em dominar as técnicas e, por vezes, ao se recusarem a se reinventar, ser preteridos por profissionais mais jovens, mas com menos repertório.

De todo modo, a lógica *mobile* traz também vantagens que precisam ser reconhecidas: maior flexibilidade na gestão do tempo e do espaço jornalístico; a abrangência da cobertura; o uso da hipertextualidade (*hiperlinks* que ampliam a matéria e personalizam o conteúdo) e a multimidialidade (produção de conteúdos complementares em diferentes mídias), entre outros aspectos.

∴ Orientações úteis para o uso das redes sociais

Há uma realidade inegável para todos os produtores de conteúdo *on-line*: a dependência em relação às redes sociais para a circulação do material – desde as mais tradicionais, como o Facebook e o Twitter, até as mais recentes e interativas, como o Instagram e o Snapchat. Por isso, todo veículo que preza por uma boa colocação na internet deve se dedicar a fazer um uso mais otimizado nesse segmento. Ignorar essa questão é condenar-se a uma espécie de limbo, caracterizando-se uma situação em que mesmo bons conteúdos podem ficar no ostracismo digital.

Algumas recomendações importantes para o uso de redes sociais compreendem a necessidade de se observarem os seguintes passos:

a) **Publicar um manual interno**: é importante que o veículo tenha clareza quanto ao que pretende postar nas redes. O manual deve esclarecer: O que é relevante ou não para o veículo? Por exemplo: conteúdos que geram engajamento, mas têm pouca ou nenhuma importância jornalística (como um vídeo bonitinho de um bebê ou de um animal) devem ser produzidos ou compartilhados? Por qual razão? Serão publicados somente conteúdos originais ou haverá replicação de outros produtores? Como isso se justifica? Qual será a lógica temporal entre as postagens? Como deve ser o texto que acompanhará os *links*? Todo esse planejamento é importante para definir claramente a política adotada pela empresa.

b) **Treinar os jornalistas**: depois de estabelecer um plano para o manejo das redes sociais, é preciso zelar para que os profissionais da redação estejam informados a respeito dele. Nem todas as competências exigidas para essa função são da natureza do jornalista – sendo que o trabalho de gerenciamento de redes sociais pode até mesmo ser assumido por outro profissional sem formação na área. O jornalista deve (felizmente) estar mais preocupado com a qualidade da apuração daquilo que investiga e publica. Por isso, uma redação que envolva seus funcionários em um projeto 100% digital deve garantir que eles estejam apropriada e constantemente treinados para tal.

c) **Plano de crise**: outra parte dessa política editorial *on-line* tem a ver com a discussão sobre como será a postura do veículo nas redes quando houver uma crise, que pode envolver alguns dilemas corriqueiros: responder (ou não) a comentários negativos nas postagens, lidar com a constatação de erros no material publicado, definir como cobrir eventos catastróficos etc.

Um exemplo de crise mal gerenciada é o caso do *site* Catraca Livre, que fez uma cobertura da queda do avião do time Chapecoense na Colômbia[4], em 2016. O trabalho foi amplamente criticado pelos usuários das redes sociais, por ser considerado oportunista e de mau gosto. Uma das estratégias realizadas para o gerenciamento – uma postagem do jornalista Gilberto Dimenstein, criador do *site* – foi mal executada e entendida como arrogante.

d) **Entender as redes**: mais do que garantir a presença em todas as redes possíveis, é preciso entender a natureza e a vocação de cada uma delas. Ou seja, não é muito eficaz simplesmente reproduzir o mesmo texto em todas elas de forma padronizada. Os usuários fiéis de cada rede têm diferentes perfis: no Twitter, por exemplo, a circulação de conteúdos é mais dialógica; no Facebook, por sua vez, preferem-se imagens e vídeos a textos compridos, que tendem a ser ignorados; etc. É necessário ainda entender a dinâmica do tempo de postagens: não adianta inundar as redes de conteúdos sem uma estratégia, correndo-se o risco de perder o leitor ou postar vídeos muito grandes que não funcionam em determinadas plataformas. Além

---

4   Para mais informações sobre o caso, acesse: IG. **Catraca Livre usa tragédia com a Chape para ganhar audiência e gera revolta**. São Paulo, 30 nov. 2016. Disponível em: <http://esporte.ig.com.br/futebol/2016-11-30/catraca-livre-chapecoense.html>. Acesso em: 5 out. 2017.

disso, as novas redes que surgem frequentemente devem ser usadas com criatividade. Nem todas são pensadas para usos jornalísticos – o que não impede que as instituições pensem em inserções criativas e imprevistas para chegar até seu público. É possível usar o Instagram, por exemplo, não apenas para divulgar boas fotos, mas para fazer circular pequenos vídeos com informação sucinta. O Snapchat também pode fazer parte de uma estratégia para fidelizar públicos mais jovens.

e) **Usar com consciência o poder das redes**: um dos objetivos máximos das empresas que exploram as redes sociais é conseguir a viralização de seus conteúdos, ou seja, fazer com que circulem massivamente entre os usuários, de forma espontânea. Isso é muito mais desejável do que simplesmente pagar por visualizações. Não há uma regra absoluta que garanta tal resultado, mas algumas características são comuns, como informa o criador do *site* BuzzFeed, Jonah Peretti (citado por Costa, 2014, p. 87): conteúdos emotivos, com humor, que ativam nostalgia, normalmente viralizam. No entanto, é imperativo lembrar: quando se faz jornalismo, é preciso zelar para que, mesmo no uso das redes sociais, o produto não se torne outra coisa que não seja jornalismo. Isso quer dizer que cada instituição deve refletir com cuidado sobre como empregará suas redes, pois haverá sempre a tentação de compartilhar matérias que fogem da linha editorial do veículo no intuito de simplesmente gerar *buzz*, comoção pública, sem grandes impactos ou com impactos negativos. Voltemos ao exemplo citado anteriormente a respeito do *site* Catraca Livre: parte da repercussão negativa no episódio com o time Chapecoense se deu pelo fato de que se quis aproveitar o calor do momento – a busca das pessoas por conteúdos referentes à tragédia –, tentando fazer circular conteúdos irrelevantes e mesmo engraçados; sem dúvida, um tiro no pé.

f) **Assumir os riscos**: o ambiente digital é muito dinâmico; toda vez que se realiza uma experiência, como a inserção em uma nova rede social, há o risco do fracasso. Isso pode compreender desde a falência de uma rede social, que passa a ser substituída por outra, até o mau uso dessa rede (por exemplo, uma empresa que investe esforços e dinheiro para pensar em uma estratégia para o Snapchat e descobre que seu público não foi atraído para lá). Essa é uma realidade que precisa ser encarada. O ideal é que os exemplos de fracasso não desestimulem outras iniciativas, ao contrário, elas "devem animar no sentido de se aprender com os erros e de testar o possível e o impossível para encontrar a plataforma correta" (Costa, 2014, p. 92).

Na seção a seguir, vamos examinar algumas mudanças ocorridas nas linguagens mais tradicionalmente empregadas pelo jornalismo, como no caso do texto impresso e as alterações sofridas com a inevitável migração para o ambiente *on-line*.

4.4
Tendências nas narrativas textuais

Para entender as modificações que se operaram no texto impresso, é necessário considerar uma das técnicas mais antigas da escrita jornalística, a **pirâmide invertida**, que funciona como estrutura básica de uma notícia. Trata-se de uma estratégia rápida e eficaz para a formatação de um texto noticioso, que deve começar sempre pelos fatos principais, o *lead*, desvendado por meio de cinco questões: o que, quando, onde, como e por que. Estrutura-se uma notícia, portanto, atendendo a critérios de relevância.

A técnica da pirâmide invertida é empregada há muito tempo e há indícios de que tenha surgido por limitações tecnológicas: ela remeteria às transmissões de dados via telégrafo. Como era bastante comum que a transmissão fosse interrompida, era preciso passar primeiro as informações mais relevantes, de forma que houvesse uma notícia mesmo que a comunicação se encerrasse. Ao longo do tempo, consolidou-se a ideia de que toda notícia deveria partir sempre dos elementos do *lead*, por serem os mais fundamentais de todo acontecimento.

Ainda que a pirâmide invertida seja consensualmente usada na produção jornalística em todo o mundo, há pesquisadores que tecem críticas à homogeneização que seu uso causaria. Um dos comentários mais incisivos é o de Eleazar Dias Rangel, citado por Genro Filho (1989, p. 190), que considera o método falho, pois, com o uso da pirâmide invertida, "o leitor informa-se brevemente e não pergunta pelas circunstâncias dos fatos. Essa nova estrutura da notícia não foi planejada para chamar o leitor à reflexão, mas apenas 'para informá-lo superficialmente, para adormecê-lo, fazê-lo indiferente e evitar que pense'".

Genro Filho (1989) entende que o formato é redutor da realidade, ocasionando um jornalismo acrítico e muito aquém das aspirações voltadas à transformação social que deveriam estar em sua essência. Além disso, o autor acredita que há um erro, do ponto de vista epistemológico, na ideia da pirâmide invertida, uma vez que as notícias normalmente caminham do singular (por exemplo, a informação quanto a uma rebelião em um presídio) ao universal (o significado político-social em termos de segurança pública), ou seja, do cume para a base.

A pirâmide invertida reproduz essencialmente uma técnica consolidada para a lógica do impresso e não faz mais tanto sentido no jornalismo *on-line*. Como o espaço da *web* é ilimitado – sobretudo em relação ao limitadíssimo espaço do impresso –, restringir-se à técnica tradicional seria deixar de fazer uso das potencialidades trazidas pelo ciberespaço. A reestruturação da narrativa das notícias na internet tem feito com que alguns pesquisadores proponham adaptações ao formato.

O jornalismo na *web* se caracteriza em boa parte pela exploração do formato do hipertexto, entendido como uma estrutura central para a navegabilidade e para um consumo interativo dos usuários. Basicamente, o hipertexto compreende o formato de um texto altamente personalizado, com uma estrutura que contempla diversos *links*, que possibilitam que cada leitor faça o próprio percurso. Assim, os caminhos oferecidos pelas tramas do hipertexto fazem com que, diante de uma mesma estrutura, diferentes usuários tenham lido, ao final, textos distintos, de acordo com seus interesses particulares e seus níveis de interação (Mielniczuk, 2003).

Para Canavilhas (2006), a característica aberta do hipertexto faz com que o leitor assuma um papel mais proativo na notícia, e deixa então de fazer sentido o uso sistemático de uma estrutura estática como a da pirâmide invertida, a qual cerceia a potencialidade mais interessante do digital: a adoção de uma arquitetura de livre navegação. Por essência, a *web* oferece ao usuário a possibilidade de seguir um dos eixos da leitura proposta ou então navegar livremente dentro de uma notícia.

Nesse contexto, Canavilhas (2006) apresenta um novo modelo, o da **pirâmide deitada** (ver Figura 4.1), segundo a qual a notícia evolui em diferentes níveis de leitura, começando com informações mais básicas, no primeiro nível, até chegar a dados mais detalhados e um maior volume de informações, no quarto nível. Uma vez que as notícias *on-line* precisam sempre levar em consideração a relação entre dimensão (quantidade de dados) e estrutura (arquitetura do texto), essa nova técnica pode trazer ao jornalista a possibilidade de pensar estrategicamente a disponibilização dos conteúdos.

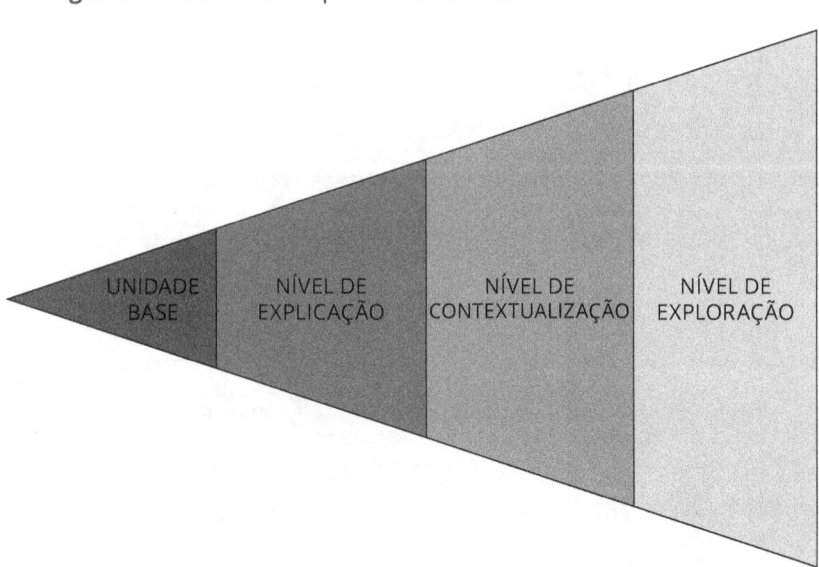

Figura 4.1 – Formato da pirâmide deitada

Fonte: Canavilhas, 2006, p. 15.

Sugere-se então ao jornalista que produz uma notícia para acesso *on-line* que procure contemplar seus conteúdos nos quatro níveis indicados, descritos a seguir.

1. **Unidade base:** deve contemplar o essencial, ou seja, algumas informações do *lead* – o que, quando, quem e onde. Canavilhas (2006) recomenda que esse texto seja, por exemplo, uma notícia de última hora – a singularidade essencial ao jornalismo, apontada por Genro Filho (1989), da qual se partirá rumo a camadas mais complexas da realidade dos fatos. Podemos avaliar essas camadas a partir de um exemplo. Nos últimos anos, houve no Brasil uma série de episódios envolvendo denúncias de racismo – como as agressões em campo ao jogador Aranha, do time do Santos, em 2014[5], ou as ofensas feitas à cantora Ludmila por um apresentador de TV, em 2017[6]. A ocorrência de um desses fatos caberia como unidade base de um material elaborado sobre a questão do racismo.

• • • • •

5   Para mais informações sobre o caso, acesse: ARANHA é chamado de 'macaco' por torcida do Grêmio. **ESPN Brasil**, 28 ago. 2014. Disponível em: <http://espn.uol.com.br/noticia/436034_aranha-e-chamado-de-macaco-por-torcida-do-gremio>. Acesso em: 5 nov. 2017.
6   Para mais informações sobre o caso, acesse: RECORD rescinde contrato de apresentador após ofensa à cantora Ludmilla. **Meio & Mensagem**, 18 jan. 2017. Disponível em: <http://www.meioemensagem.com.br/home/ultimas-noticias/2017/01/18/record-rescinde-contrato-de-marcao-do-povo-apos-chamar-ludmilla-de-macaca.html>. Acesso em: 5 nov. 2017.

2. **Nível de explicação:** deve abranger as questões subsequentes ao *lead* – por que e como –, complementando as informações essenciais. Pode apresentar novas informações e fontes que ajudarão a trazer uma explicação mais profunda do fato. Seguindo com o exemplo dado anteriormente – de uma reportagem sobre racismo –, especialistas (como sociólogos, historiadores e outros estudiosos do tema) poderiam ser consultados para, com suas visões, interpretar os acontecimentos singulares e inseri-los em um contexto mais amplo, mais universal, colaborando para consolidar o interesse público, algo que permanece fundamental ao jornalismo.

3. **Nível de contextualização:** deve contemplar mais informações, agora em formatos multimídia, como vídeo, som ou infografia animada. Vejamos como essa camada funciona analisando a seguinte reportagem multimídia: o especial *Segregação à brasileira* (Bertolotto, 2017), veiculado pelo projeto TAB, do portal brasileiro UOL. Para complementar o texto inicial, que opera com informações básicas, há diversos conteúdos de contextualização. Entre eles estão: dois vídeos com reportagens produzidas no município brasileiro de Cunhataí (SC), onde a população mais se declarou branca, e em Antônio Cardoso (BA), em que mais pessoas se declararam negras, segundo o último Censo do Instituto Brasileiro de Geografia e Estatística (IBGE); um mapa interativo com a distribuição de

etnia/cor em todas as regiões brasileiras, também segundo o Censo do IBGE; um infográfico também interativo com uma "aquarela" com dados do Censo de 1976 sobre a pigmentação da pele, com a possibilidade de que o usuário escolha a mesma cor que a sua e compartilhe em suas redes sociais; um infográfico com pequenos boxes de informações históricas sobre os conceitos sociais de raça nos últimos cinco séculos.

4. **Nível de exploração**: o último nível constrói pontes entre a notícia e arquivos externos. Para Palácios (2003, citado por Canavilhas, 2006, p. 16), esta seria uma característica fundamental da *web*: "a possibilidade de disponibilização online de toda a informação anteriormente produzida e armazenada, através de infinitos arquivos digitais".

Voltando ao caso de uma reportagem sobre racismo, seria possível trazer aos leitores *links* dos mais diversos conteúdos externos à produção original, como reportagens correlatas; instituições e organizações ligadas às questões de etnia no Brasil; dados externos sobre a legislação acerca do racismo; instruções sobre denúncias etc.

Para Canavilhas (2006, p. 16), a pirâmide é eficiente porque

é uma técnica libertadora para utilizadores, mas também para os jornalistas. Se o utilizador tem a possibilidade de navegar dentro da notícia, fazendo uma leitura pessoal, o jornalista tem ao seu dispor um conjunto de recursos estilísticos que, em conjunto com novos conteúdos multimédia, permitem reinventar o webjornalismo em cada nova notícia.

Segundo o autor, essa proposta de estrutura de informação estimula que o jornalista torne sua atuação mais complexa, desempenhando suas funções tradicionais (apuração, redação, edição) ao mesmo tempo que atua como uma espécie de documentarista ou historiador, que facilitará ao usuário o acesso a informações completas.

4.5
Tendências nas narrativas audiovisuais

Ferrari (2016) afirma que as redes sociais têm colaborado para uma mudança da internet-livro (ou seja, fundamentada pelo texto escrito) para a internet-televisão (que se sustenta pelos vídeos e pelas imagens em movimento). De fato, dados apontam para mudanças no consumo das mídias, revelando que há um deslocamento da televisão para a *web*. Uma investigação feita pelo Instituto Reuters e pela Universidade de Oxford, em 2016, mostrou que a TV paga americana teve uma queda brusca de assinaturas (de 100,9 milhões de domicílios para 97,1 milhões); no entanto, o acesso aos vídeos pela internet cresceu de 28 milhões para 50,3 milhões (Ferrari, 2016, p. 45).

Assim, há algumas tendências nos formatos de reportagens em áudio e vídeo que devem ser observadas e, se possível, empregadas sempre que a situação exigir.

Transmissão direta, ao vivo

Há acontecimentos urgentes e, nesses casos, uma transmissão ao vivo, mesmo feita por um equipamento não profissional, como um celular, é extremamente desejável. Trata-se de uma tendência que tem sido seguida até mesmo pelos mais tradicionais meios de comunicação, como a Rede Globo. Por *transmissão direta* (também chamada de *streaming*) entende-se a emissão jornalística feita em tempo real, sem edição, com a presença ou não de um repórter, de algo que decorre naquele exato momento.

Costa (2014) explica que esse é um formato muito usado em veículos digitais e revela o interesse da instituição em se manter atualizada com as estruturas narrativas que se popularizam com a internet. Com isso, "redações capazes de dar conta desse recado terão maior facilidade de sobrevivência na selva digital do que as redações obcecadas com o formato texto e foto, no caso impresso, ou vídeo e sonoras editados na sua forma tradicional" (Costa, 2014, p. 91).

Estudos atuais mostram que 66% das visualizações dos vídeos ao vivo feitos no Facebook ocorrem depois de a transmissão já ter encerrado. Por isso, há uma necessidade de que esse conteúdo seja "reempacotado" para o consumidor que o apreciará em outros momentos. Além disso, é preciso que haja um treinamento dos jornalistas que participarão da transmissão direta, pois ela não é meramente uma imitação da televisão – são linguagens totalmente diferentes.

Trata-se de um tipo de narrativa semelhante, de certa forma, a uma emissão feita por um amador. Essas transmissões são cada vez mais abundantes no jornalismo, principalmente em veículos independentes, como o Mídia Ninja, que produz esse tipo de narrativa como uma forma de expor uma versão diferente em relação ao que é apresentado em veículos jornalísticos tradicionais.

Por que esses vídeos são tão atraentes para o público? A resposta é simples: trazem uma emoção imediata, a sensação de estar fazendo parte de um acontecimento no exato instante de sua existência. São vídeos, portanto, que não apenas informam algo, mas causam comoção. Além disso, para o espectador, eles parecem mais transparentes, menos editados – e, por isso mesmo, menos "fabricados". Por isso, as transmissões diretas – quando tratam de assuntos ou temas interessantes – costumam ser irresistíveis para a audiência.

Contudo, aí também reside um risco: o de fazer uso indiscriminado do vídeo direto, cujo conteúdo por vezes não é tão relevante assim. Como ilustração, deixamos uma sugestão de autorreflexão: Se você estivesse na rua e visse uma pessoa passasse mal, você usaria seu celular para filmar o atendimento dos socorristas? Se fosse jornalista, transmitiria a cena ao vivo no veículo em que estivesse trabalhando? Se sim, por quê? Essas ações requerem uma constante discussão ética, pois poder transmitir algo ao vivo não significa que se deve fazê-lo.

Storytelling

Cabe lembrar uma frase um tanto conhecida e que vale a pena ser resgatada aqui: o jornalismo, em sua essência, é a arte de contar histórias. O impulso por ouvir histórias bem contadas é inerente ao humano e é disso que se alimenta o jornalismo, não importa quantas sejam as mudanças tecnológicas que enfrente.

Por isso mesmo, as técnicas de *storytelling* – que dizem respeito justamente ao processo de contação de histórias – são hoje muito estudadas pelos profissionais de comunicação que reconhecem que, antes de tudo, é preciso dominar aquilo que há de mais básico (e, como já dito, mais crucial) na profissão. Além disso, as estratégias de *storytelling* são fundamentais, pois compreendem a busca por maneiras mais eficientes de trazer ao jornalismo a história de vida das pessoas, no intuito de concretizar matérias de qualidade e que reportem os relatos de forma fidedigna. As novas tecnologias têm contribuído para que os relatos de lugares mais distantes cheguem até as redações. São exemplos do que chamamos de *storytelling colaborativo*, que tem o objetivo de envolver comunidades na contação das próprias histórias. É o caso do projeto *Back in Touch*[7], no qual cidadãos de Serra Leoa receberam celulares com câmeras para registrar relatos simples de sua vida após a crise do ebola.

Convergência no rádio hipermidiático

O cenário de mudanças no qual vivemos também atingiu um dos mais fundamentais veículos de comunicação, o rádio. Em razão de suas características mais essenciais – como a factualidade e a mobilidade –, a emissão radiofônica se vê reconfigurada em novas narrativas e formatos, capazes de acompanhar a velocidade dos acontecimentos e de contemplar um ouvinte que precisa de um conteúdo mais dinâmico, que supra suas necessidades diárias e se adéque às tecnologias que ele consome.

Entre os novos formatos e gêneros explorados pelo rádio atualmente (Lopez, 2010) estão: **formato clipe**, no qual se faz a reedição de um material veiculado ao vivo, trabalhando com

---

7   Para conhecer o projeto, acesse: <http://backintouch.org>. Acesso em: 5 out. 2017.

as dimensões emotivas e informacionais de uma transmissão, de uso comum no esporte; **áudio *slideshow***, que concretiza uma narrativa multimidiática por meio de informação recebida na *web*, explorando imagens estáticas e em movimento, áudio, texto e hipertexto; ***podcast***, que permite a disponibilização de áudios em *sites* para serem consumidos sob demanda pelo internauta por meio de computador ou dispositivo móvel.

Chatbots

Um dos ramos de maior desenvolvimento na área tecnológica é a que diz respeito à difusão da inteligência artificial. O jornalismo é uma das esferas que atualmente estudam formas criativas de uso de aparatos como os *chatbots*, *softwares* que funcionam como robôs programados para executar funções predefinidas, como a interação automática com pessoas. É a estrutura, por exemplo, da assistente virtual Siri, disponível nos aparelhos da marca Apple.

Algumas empresas já estão experimentando e desenvolvendo *softwares* que operam funções automatizadas, como selecionar notícias, gráficos e outros tipos de informação, favorecendo uma customização no acesso ao veículo. Essa tendência ainda tira proveito da popularidade que os aplicativos de mensagem – como o WhatsApp e o Telegram – têm entre os brasileiros, uma vez que os *bots* muitas vezes estão associados a eles.

Realidade virtual

Outra tendência relacionada aos avanços tecnológicos das últimas décadas que começa a ser explorada no jornalismo atual é o uso de realidade aumentada como uma forma de trazer o usuário para dentro de uma reportagem. Essa estratégia se associa a outros movimentos no jornalismo (como a transmissão ao vivo, as câmeras amadoras e a ênfase no testemunho pessoal), pois promete configurar reportagens que não são apenas vistas, ouvidas ou lidas, mas sentidas no nível físico. Seria um modo de gerar engajamento de maneira mais efetiva, em uma perspectiva do que alguns autores já chamam de *jornalismo imersivo*. Os defensores dessa técnica acreditam que ela tiraria o público de uma postura de passividade – de simplesmente experimentar de forma vicária uma tragédia, por exemplo, mas não se sentir de fato tocado por ela.

Algumas empresas já estão explorando formatos de realidade virtual. Nonny de La Peña (2015) é uma das pioneiras do jornalismo imersivo. Segundo suas experiências, o uso da realidade virtual provoca, por exemplo, a sensação de estar na Guerra da Síria enquanto uma bomba explode ao seu lado ou de saber o que é ser perseguido e morto pela polícia pelo fato de ser negro, como ocorreu em 2012 com o adolescente americano Trayvon Martin. Assim, a tecnologia possibilita um aspecto de vivência no jornalismo em vez da simples divulgação uma informação.

Síntese

Neste capítulo, abordamos com mais profundidade algumas das tendências na produção de conteúdos jornalísticos. Na abertura, analisamos um fenômeno de impacto inegável na profissão, o aumento da interferência e da participação do público no ofício. Apresentamos um pequeno manual cujo objetivo é oferecer dicas facilmente aplicáveis sobre ações e decisões a serem tomadas pelos profissionais no intuito de fazer um uso eficaz dos materiais enviados pelo público.

Na sequência, refletimos sobre uma série de tendências que se acentuam no atual cenário, no que diz respeito à produção feita para *web*, e às narrativas textuais e audiovisuais, enfatizando as maneiras pelas quais todas as estratégias descritas podem se fundir nos mesmos produtos, em formatos inovadores e experimentais, como o uso da realidade virtual, a exploração do *storytelling* e a transmissão ao vivo. Ao fim desta leitura, esperamos ter despertado sua consciência a respeito da responsabilidade necessária para trabalhar com esses movimentos e técnicas que se prenunciam na profissão.

Para saber mais

TORTURRA, B. Got a Smartphone? Start Broadcasting. **TED Talks**, out. 2014. Disponível em: <http://bit.ly/2pggnuq>. Acesso em: 5 out. 2017.

Nessa interessante palestra, o jornalista brasileiro Bruno Torturra (fundador do coletivo Mídia Ninja) discute formatos alternativos de transmissão de eventos jornalísticos, enfatizando a importância dessas novas linguagens para o jornalismo.

BLACK Mirror. Direção: Charlie Brooker. Reino Unido, 2011. Série de televisão.

Cultuada no mundo todo, a série suscita reflexões importantes a respeito da inserção das tecnologias nas diferentes esferas da vida social, entre elas o jornalismo. Trata-se de um produto cultural que estimula o jornalismo sob vários aspectos, como a popularização das câmeras e das redes sociais, a veiculação de acontecimentos ao vivo e o uso das tecnologias de inteligência artificial.

IMMERSIVE JOURNALISM. Disponível em: <http://bit.ly/1figfkl>. Acesso em: 5 out. 2017.

A página disponibiliza vários textos e *links* que discutem a ideia do jornalismo imersivo, uma linguagem híbrida que aplica a técnica dos *games* na geração de experiências de realidade virtual ligadas ao jornalismo. Em um deles, é possível conhecer o *Project Siria*, que promete levar o usuário a sentir a experiência de estar em uma guerra.

Perguntas & respostas

Hoje vivemos um momento histórico em que o jornalista divide espaço com muitas outras pessoas que não são profissionais do jornalismo, mas são, em alguma medida, capazes de produzir algum tipo de informação. Discorra sobre as formas e as razões pelas quais essas contribuições podem ser úteis ao exercício do jornalismo.

Os conteúdos produzidos por amadores podem estender o alcance da cobertura jornalística, uma vez que os profissionais não conseguem estar em todos os lugares; por consequência, isso pode ocasionar um barateamento de produção com a economia em deslocamento; pode abrir o leque para pautas que, de outra forma, não chegariam ao jornalista; pode fazer com que o leitor se sinta representado no veículo jornalístico, dado que os conteúdos amadores são gerados por pessoas como ele.

Questões para revisão

1. Muitos autores defendem que o chamado *jornalismo cidadão*, *colaborativo* ou *participativo* disfarça o que é, na verdade, uma estratégia de *marketing* dos veículos. Por que isso ocorreria?

    a) Porque já foi provado que não existe jornalismo colaborativo – só pode configurar como jornalismo aquilo que é produzido exclusivamente por profissionais.

    b) Porque muitos veículos compram conteúdos produzidos pela população e os vendem para grandes marcas.

    c) Porque muitas vezes a participação do público figura como uma estratégia de fidelização, sem que haja, de fato, interesse jornalístico naquilo que a população produz.

    d) Porque quem definiu esse conceito foi um marqueteiro famoso.

    e) Porque toda colaboração recebida no jornalismo é sempre prejudicial à profissão.

2. Por que alguns autores consideram a técnica da pirâmide invertida bastante limitada?

    a) Porque o leitor é informado apenas superficialmente, evitando-se que enfrente a complexidade dos fenômenos.

    b) Porque gera custos altos aos meios de comunicação.

    c) Porque torna o processo de produção textual muito demorado.

d) Porque tende a tornar a notícia ilegível.

e) Porque "ficcionaliza" a notícia.

3. Com relação aos níveis propostos no modelo da pirâmide deitada definido por João Canavilhas, analise as seguintes afirmações:

I) A unidade base desempenha a função do *lead*, ou seja, desvenda as informações mais básicas.

II) No nível da explicação, aprofunda-se o *lead* com as informações subsequentes – é possível, por exemplo, trazer interpretações de especialistas.

III) No nível da contextualização, disponibiliza-se ao leitor o maior número de canais possíveis para que este interfira na matéria.

IV) No nível da exploração, constroem-se pontes entre a notícia e conteúdos externos, como *links*, vídeos e matérias correlatas.

Estão corretas apenas as afirmações:

a) I e II.

b) II e III.

c) II, III e IV.

d) I, II e IV.

e) Todas estão corretas.

4. Que premissa fundamenta o uso da realidade aumentada em matérias jornalísticas?

5. O que se deve fazer para otimizar o uso das redes sociais no jornalismo?

Questão para reflexão

1. Planeje e execute uma reportagem de webjornalismo fundamentada na estratégia da pirâmide deitada, conceituada por João Canavilhas. Você deve definir a pauta da reportagem; construir a unidade base (informações iniciais acerca da notícia); elaborar o nível da explicação (informações complementares ao *lead*); elaborar o nível da contextualização (informações em formatos multimídia, como vídeo, som ou infografia animada); elaborar o nível de exploração (contextualização com materiais externos, que estendem a experiência da reportagem – vídeos, *links*, matérias correlatas etc.). Ao final da reportagem, avalie o resultado do trabalho e reflita: O uso do método de construção "em camadas" foi benéfico à reportagem?

Capítulo 05

Perspectivas para a profissão

Conteúdos do capítulo:

- Futuro do jornalismo impresso.
- Novos modelos de negócio para empresas jornalísticas.
- Desafio das *fake news*.
- Aumento do erro jornalístico.
- Jornalismo na era da participação.
- Fusões entre o jornalismo e a publicidade.

Neste capítulo, vamos direcionar o olhar ao futuro. Para tanto, trataremos de um tema bastante importante – os rumos do jornal impresso, que tem uma função histórica central na construção do jornalismo. A reflexão terá início, portanto, com uma análise da situação desse meio de comunicação. A ideia não é, obviamente, fazer previsões, mas propiciar que se construa uma visão mais completa do processo que o jornalismo atravessa hoje.

Na sequência, enfocaremos as alterações vislumbradas na profissão, como os novos modelos do negócio jornalístico. Por fim, apresentaremos uma análise sobre os desafios e as oportunidades que se delineiam na área atualmente, de modo a possibilitar que se pense propositivamente o ofício de jornalista.

5.1
Qual é o horizonte do jornalismo impresso?

Inventada no ano de 1450 por Johannes Gutenberg, a imprensa adquiriu uma função central no exercício do jornalismo, chegando a tornar-se um sinônimo da profissão como um todo. Essa criação humana possibilitou que a distribuição de notícias deixasse de ser informal, restrita e mesmo privada (com os oradores nas ruas contando os últimos acontecimentos, os relatos de viagem, as fofocas etc.) e passasse a ser um processo institucionalizado, periodicamente organizado (Franciscato, 2005).

Ao longo de seus mais de 500 anos de existência, a imprensa possibilitou o desenvolvimento de um meio que, historicamente, foi identificado como o símbolo máximo do jornalismo: o jornal impresso. Com a viabilização de um sistema de produção e venda de notícias, o jornal impresso permitiu que, com regularidade, a população tivesse acesso ao conhecimento dos acontecimentos.

A impressão mecânica não aumentou a velocidade de circulação da notícia, mas regularizou o fluxo das transmissões e o intervalo entre elas, expandiu o número de pessoas simultaneamente lendo ou discutindo versões variadas da mesma notícia e, também, possibilitou a apresentação de versões múltiplas (e às vezes conflitantes) do mesmo evento. (Woolf, 2001, citado por Franciscato, 2005, p. 40)

A existência concreta do jornal impresso, assim como o de todos os demais produtos industriais, só foi possível em razão da consolidação de um sistema de negócios capaz de obter recursos para pagar todos os seus custos – recursos humanos, pagamentos das coberturas jornalísticas, gastos com impressão, custos de distribuição, investimento em melhorias tecnológicas etc. Trata-se de um modelo de negócio que se fundamentou essencialmente em duas premissas: a venda de espaços publicitários em suas páginas e a venda do próprio produto diretamente aos consumidores, em bancas ou por assinatura.

Conforme explica Meyer (2007), o negócio dos jornais costumava combinar o sucesso empresarial e o zelo por sua missão social. Ocorre, no entanto, que ambas as funções (a capacidade de manter-se como um negócio lucrativo e a clareza sobre sua essência como instituição que preza pelas melhorias sociais) hoje são objetos de reavaliação.

A indústria do jornal atingiu seu ápice muito cedo, na década de 1920. Na entrada do século XXI, sua penetração nas casas das pessoas já havia caído 54% (Meyer, 2007). Além disso, nas últimas décadas, assistimos a uma série de mudanças de diversas naturezas (comportamentais, sociais, financeiras, tecnológicas) que trouxeram dúvidas sobre o futuro do modelo de negócios. Basta atentar aos números do jornal *The New York Times*, talvez o maior de todos os periódicos impressos: entre os anos de 2000 e 2012, o lucro bruto da empresa caiu de 3,5 bilhões de dólares para 1,9 bilhão, o que levanta questionamentos sobre a sobrevivência do jornal a médio prazo. No que diz respeito à renda publicitária, por exemplo, o jornal perdeu quase dois terços (64%) de sua força ao longo desses 12 anos (Costa, 2014).

Desse modo, o modelo gutenberguiano de funcionamento do jornalismo precisa ser repensado, pois o mundo já não é mais o mesmo. Para começar, é preciso encarar a empresa jornalística não apenas como um negócio que provê o fornecimento de conteúdo.

Pesquisadores da Columbia University explicam que os meios de comunicação tradicionais não vendem conteúdo como se fosse um produto. "Seu negócio é a prestação de serviços, com a integração vertical de conteúdo, reprodução e distribuição". Essa forma de entender o tradicional negócio da comunicação é vital para os novos tempos e as transformações em curso. (Costa, 2014, p. 55)

Uma das dúvidas atuais é a permanência ou não do formato estipulado pelo jornal: o de "empacotamento diário de notícias", o qual seria consumido em uma espécie de ritual e com uma noção clara de temporalidade: um único dia. É importante lembrar, por exemplo, que a própria natureza dos termos *jornal* e *jornalismo* remetem ao francês *jour*, que compreende o espaço de um dia. É a mesma raiz da palavra *journal*, que remete à ideia de "relato público de eventos diários".

Ou seja, em sua essência, o jornal centraliza-se na periodicidade compreendida em um dia, e as informações obtidas nessa janela temporal seriam suficientes e adequadas para que o leitor se mantivesse informado sobre o mundo (Franciscato, 2005). A crise dos jornais, entretanto, suscita um questionamento: Esse modelo é suficiente ainda ou a velocidade estabelecida pelo jornalismo para *web* é um caminho sem retorno? Como cada vez mais pessoas consomem notícias por *sites* que não são jornalísticos, mas pela indexação feita pelas redes sociais – como o

Facebook e o Twitter –, o "desempacotamento" radical do jornalismo é uma tendência contra a qual não há muito o que fazer. Não obstante, é preciso também analisar com franqueza quais mudanças históricas passaram a modificar o funcionamento da empresa do jornal impresso. Para Costa (2014), uma das questões centrais é a mudança geracional: os jornais eram consumidos pelos chamados *nativos analógicos*, ou seja, pessoas que tiveram sua formação fundada em uma cultura livresca, por meio de materiais impressos e textos escritos.

As novas gerações, por sua vez, são formadas pelos chamados *nativos digitais*, protagonistas na era da internet. São pessoas que adquirem conhecimento de outra maneira, com a televisão, as séries, a própria internet. Também aprendem pelos livros, é claro, mas a cultura escrita já não ocupa a centralidade em sua formação observada nas gerações antecessoras.

Há uma espécie de disputa fundamental entre esses dois tipos de consumidores: enquanto os primeiros carregam uma visão do conhecimento baseado na solidez, na distribuição unidirecional da informação (ou seja, o professor ensina, o jornalista informa), os últimos são caracterizados por uma espécie de liquidez em sua visão, para emprestar o conceito de Bauman (2001). Para os nativos digitais, há fluidez nos papéis: o professor não tem a função hierárquica de outrora, nem o jornalista tem o direito exclusivo de reportar os fatos que acontecem no mundo.

As novas gerações, que lentamente substituem as antigas, em alguma medida, impõem desafios à permanência do negócio do jornal impresso, uma vez que seu modelo não foi pensado para elas. Além disso, segundo Costa (2014), essas diferenças de comportamento também devem estar no âmago da reflexão acerca das mudanças nos modelos de negócio da imprensa, já que é ineficiente tentar simplesmente transpor para o digital o modelo que antes funcionava no analógico (esperar que o negócio digital funcione apenas pela publicidade e cobrança de conteúdo). Houve um erro estratégico em simplesmente acreditar que as novas gerações comprariam jornais impressos quando envelhecessem, pois elas simplesmente não adquiriram esse hábito – ao menos não da forma como se esperava.

Historicamente, os jornais se sustentaram por meio de um sistema que beirava o monopólio local como estratégia para a sua alta rentabilidade, funcionando com uma base de lucro que oscilava entre 20% e 40%, receita que caiu para 6% a 7% em poucos anos. Assim, para os especialistas no negócio do jornal, como Philip Meyer (2007, citado por Zanotti; Schmidt, 2013, p. 145), restariam duas saídas principais para os empresários que gerenciam esse mercado: "esgotar o modelo atual até sua completa extinção ou transformar os jornais em 'grandes *players* num mercado de informação que inclui a mídia digital'".

Além disso, um dos principais fatores que fazem com que mesmo grandes jornais, de reputação histórica ilibada, não tenham tanto valor no mercado comercial quanto empresas muito mais jovens, de acordo com Costa (2014), é que os jornais investem muito menos em tecnologia do que deveriam. Isso se dá, em parte, pela falta de atenção das empresas de comunicação em relação ao ramo tecnológico, mas também porque o investimento em tecnologia é sempre arriscado: costuma ser caro e qualquer recurso pode ficar obsoleto muito rapidamente.

Em outras palavras, os veículos precisam enxergar a tecnologia mais como investimento do que como despesa. Isso não significa, como parece ser o entendimento em muitos jornais, planejar a mera transposição para a internet, mas dar atenção a diversos outros elementos que hoje são fundamentais para o crescimento de qualquer negócio, como o uso mais eficiente do *big data*[1], o desenvolvimento de uma arquitetura planejada para as versões em dispositivos móveis e a definição de mecanismos que administram melhor as relações com o consumidor.

---

1   O termo *big data* compreende o imenso volume de dados que são gerados sobre cada usuário com base no uso que ele faz da internet (quais *sites* acessa, em quais *links* clica etc.). São informações imensuráveis para os seres humanos, mas que são processadas pelo computador e usadas qualitativamente pelas empresas nas estratégias de seus negócios.

∴ Razões para a permanência dos jornais

Ainda assim, não faz sentido prever um encerramento completo do modelo do jornal impresso, uma vez que não há dados suficientes que assegurem isso: muitos periódicos estão encontrando caminhos viáveis para a permanência de seu negócio e há locais em que o consumo dos impressos cresce consideravelmente.

É preciso, desse modo, refletir também sobre as razões pelas quais os jornais impressos permanecem como veículos de extrema relevância para a sociedade. São alguns dos argumentos que nos ajudam a entender a existência, mesmo em tempos de crise, do veículo mais tradicional do ofício jornalístico.

Escassez da atenção

Um dos dilemas que acometem hoje o campo da comunicação é o excesso de mensagens. São tantas as fontes de informação disponíveis no meio social que acabam por gerar um novo problema: Como os meios de comunicação lidam com a escassez da atenção dos usuários? (Meyer, 2007)

Nesse sentido, o jornal impresso continua tendo uma importância central por funcionar como uma espécie de "pacote" de notícias diárias a ser entregue a uma camada da população que se sente suficientemente informada para enfrentar o dia a dia. Ou seja, o jornal ainda cumpre a chamada *função da vigilância*, conceituada nos estudos de Harold Lasswell: "todos nós precisamos de um conjunto sucinto, apresentado de forma eficaz, das manchetes sobre os perigos e oportunidades que cada novo dia nos traz" (Meyer, 2007, p. 20).

Em outras palavras, o jornal impresso segue mantendo uma função crucial de periodicidade para pelo menos parte da audiência, que depende desse compêndio de informações entregues diariamente. Muitos jornais, aliás, investem nisso como uma estratégia, trabalhando em formatos que permitem que os leitores examinem rapidamente pequenos artigos, cumprindo, portanto, a função da vigilância, isto é, a de desempenhar uma função de simplesmente manter o leitor ciente e alerta sobre aquilo que ocorreu naquele dia. É o caso de jornais gratuitos, como o *Metro*, em vários estados, e o *Destak*, em São Paulo, ou alguns já tradicionais, como o *Correio do Povo*, no Rio Grande do Sul, que investem nesse formato que alguns autores chamam de *telegráfico* (notícias curtas e diretas que operam como "pílulas" diárias de informação).

Credibilidade dos jornais

Historicamente, a imprensa consolidou um papel central no que diz respeito à reputação e à responsabilidade de levar ao conhecimento da população os fatos que acontecem no mundo. Trata-se de um valor que não desmorona com facilidade, por mais crises que o veículo enfrente.

Ou seja, o papel democrático desempenhado pelo jornal impresso permanece exercendo um peso indiscutível no que concerne à sua importância. Parte desse peso, aliás, está associada à solidez da instituição do jornal no mundo inteiro e ao compromisso inalienável com a busca pela verdade. É a isso que o grande repórter Gay Talese se refere ao dizer que precisamos de jornais "porque no prédio de qualquer redação de um jornal respeitável, a qualquer momento, há menos mentirosos por metro quadrado do que em qualquer outro prédio. Há mentirosos nos jornais também, mas em menor número" (citado por Guimarães, 2009).

Em outros termos, os jornais continuam tendo uma função primordial na qualidade de instituição idônea e ajustada aos principais valores jornalísticos. Mesmo que isso não seja, obviamente, uma regra absoluta, podemos afirmar que, *a priori*, os jornais ainda têm mais compromissos invioláveis com a verdade do que veículos ou empresas mais jovens e menos consolidadas.

Jornais populares

Quem assegura cegamente que há uma crise no jornal impresso acaba desconsiderando o fenômeno dos jornais populares que se constituem como instituições consolidadas em muitos estados. Há ainda uma característica interessante que se insinua: muitas empresas têm mais de um jornal em atividade. Enquanto o jornal convencional enfrenta dificuldades financeiras, o popular, muitas vezes, mostra-se estável no mercado.

Há características interessantes a serem destacadas nos impressos populares: são hiperlocais, apostando muito na editoria de cidades, com poucas chances de um dia se tornarem nacionais. Como mencionamos, tais títulos muitas vezes nascem em empresas já consolidadas e, de alguma forma, ajudam na manutenção das instituições (Seligman, 2009). Zanotti e Schmidt (2013) observam, no entanto, que o fenômeno dos jornais populares nem sempre pode ser considerado benéfico à sociedade e aos jornais em geral, precisamente pelo fato de pertencerem a tais empresas, sem garantir a ampliação e a diversificação dos atores empresariais que sustentam o negócio.

5.2
Novos modelos de negócio

Como mostramos até aqui, já é consenso que o jornalismo está passando por um momento de transição quanto às suas formas de subsistência. Se historicamente o ofício se sustentou fundamentalmente pela publicidade, hoje esse modelo precisa ser repensado. A transição de parte do conteúdo informativo para o ambiente *on-line* trouxe uma encruzilhada financeira: imaginava-se que a fonte publicitária migraria para o digital na mesma proporção que ocorria nas mídias *off-line*, o que não aconteceu. As receitas das plataformas *on-line* são muito mais específicas e mensuráveis (são pagas, por exemplo, pela mensuração de cliques em anúncios e não por preços fechados pela publicação). Isso tem demandado que todas as empresas jornalísticas reavaliem e adaptem as formas pelas quais continuarão se sustentando.

Para Klatell (2014b), é natural (e fácil) procurar vilões para explicar a possível ruína do tradicional modelo de negócios do jornalismo, assentando a responsabilidade na perda da renda publicitária. Há os que culpam o público (o argumento do "ninguém mais lê"), a internet ("tudo é de graça") e os *softwares* e as páginas agregadoras de conteúdo *on-line* (que disponibilizariam materiais produzidos pelas grandes empresas, enfraquecendo seus acessos). Para o autor, há alguns erros nesses raciocínios: mesmo as grandes empresas jornalísticas começaram como pequenas *startups* que também tiveram de buscar um novo modelo de negócio. O argumento contra os *softwares* agregadores ignora que essa espécie de "retroalimentação" entre os veículos sempre existiu (o rádio, por exemplo, sempre "roubou" as matérias de jornais, e a TV fez o mesmo com as matérias de rádio).

Portanto, o que perde força não é o jornalismo, mas a centralização outrora absoluta nas grandes empresas jornalísticas, hoje postas sob questionamento. Para Klatell (2014b, p. 16-17),

> Mais importante, contudo, é a diminuição do valor e da influência dessas famosas marcas das comunicações. À medida que a notícia e a informação estão por toda a parte, o público raramente as categoriza e as classifica segundo alguma preferência

pela marca, de modo que a importância de saber se o conteúdo recebido na internet ou em plataformas móveis, ou por redes sociais, foi criado pelo veículo A ou B, ou por outra organização jornalística qualquer, só faz diminuir.

Assim, essas reconfigurações têm favorecido o surgimento de empresas ou instituições menores, mais sustentáveis, uma vez que dependem de uma fonte de renda menor. Mais do que isso, as mudanças têm revelado a emergência de novos modelos publicitários. Com a internet, por exemplo, o funcionamento da fonte publicitária teve uma alteração importante: passou a corresponder a uma economia da abundância digital, com um inventário praticamente ilimitado de formatos, narrativas e possibilidades. Mais alternativas passaram a serem experimentadas pelos anunciantes no objetivo de atingir o público pretendido. O ponto de referência para o custeio de anúncios deixou de ser o próprio suporte (páginas de jornal, *outdoors*, mobiliários urbanos etc.) e passou a ser a audiência: a exposição foi substituída pela ação e pelo engajamento dos usuários. Por consequência, a tecnologia digital segmentou melhor os públicos, o que acarretou a adoção de formatos publicitários específicos e com menos retorno para os meios de comunicação (Aguado, 2013).

Para Costa (2014), o que falta ao jornalismo é uma acentuação de seu caráter disruptivo, ou seja, a interrupção do curso normal de um processo (como o modelo de negócio jornalístico sustentado da mesma forma há 50 anos) em busca de uma mudança em seu funcionamento. Em alguma medida, é o que acontece em *sites* de sucesso que extrapolaram o modelo clássico de jornalismo, com o BuzzFeed, que "vende" outros tipos de conteúdo para poder financiar seu material jornalístico.

Em resumo, é preciso que os veículos refaçam as perguntas que ontem fundamentavam toda a natureza do negócio. Clayton Christensen (citado por Costa, 2014), professor de Harvard, sugere que os donos de jornais reflitam sobre algumas questões simples, tais como:

- **Qual trabalho meu público quer que eu faça?** Se em outros tempos essa questão era mais palpável, hoje não é possível chegar às mesmas respostas. As noções tradicionais do produto jornalístico precisam ser repensadas e, ao mesmo tempo, manter a essência da profissão. *Sites* que misturam jornalismo e entretenimento (como o Catraca Livre, a revista *Vice* ou o já mencionado BuzzFeed), por exemplo, estão enfrentando esse questionamento com mais clareza.
- **Quais tipos de funcionários e estrutura são necessários para cumprir esse trabalho?** Os postos de trabalho não são necessariamente os mesmos. As empresas (especialmente as digitais) requerem equipes mais enxutas e funções diferentes que trabalharão com o jornalista.

- Qual é a melhor forma de entregar essa informação/ esse serviço ao público? Na chamada *cultura da participação* (Ferrari, 2016), não basta preocupar-se apenas com a produção do conteúdo, é preciso pensar na forma mais eficiente de gerar agregação a ele. Essa questão passa a ser especialmente importante quando se considera que vivemos em uma época de grande oferta de informação.

∴ Algumas estratégias utilizadas pelas instituições em prol do financiamento comercial

Uma das discussões mais acirradas hoje entre os profissionais da comunicação diz respeito a quem deve arcar com os custos dos produtos jornalísticos, uma vez que, em tempos de internet, há um constante dilema em torno da possibilidade de cobrar ou não o acesso dos usuários. Os que defendem que essa conta não deve ser repassada ao usuário lembram que as pessoas já estão acostumadas a receber conteúdos de graça por veículos tradicionais, como a televisão e o rádio.

No entanto, conforme já exposto, é preciso considerar que os meios de comunicação nunca foram gratuitos, mas subsidiados pelos anúncios publicitários. São eles que garantem os recursos necessários para a realização (ao menos em teoria) de um jornalismo de qualidade, com condições suficientes para coberturas densas, apuração em profundidade etc. Pensar que esses conteúdos são "dados" ao público, de certa forma, pressupõe ingenuidade em imaginar que não exista uma forte negociação entre empresa e anunciantes a respeito do público almejado.

Ocorre que esse modelo não se sustentou na migração de muitos veículos para a internet – para os quais também são necessárias formas de geração de renda para garantir o bom exercício da profissão. É aí que se constata uma verdade irrevogável: o jornalismo, ao menos o de qualidade, precisa ser pago para continuar a existir. A grande questão é como isso pode ser feito, algo que ainda está sendo investigado.

Por *jornalismo de qualidade* entendemos o exercício profissional do ofício por meio de apuração rígida e responsável de dados relevantes e de interesse público, ou seja, daquilo que atinge a vida de uma boa parcela da população.

Alguém poderia dizer, com razão, que nunca houve tantas informações circulando. Contudo, uma observação atenta mostrará que muito do que está em circulação não segue os parâmetros aqui descritos. Apenas para ficar em alguns exemplos, destacamos alguns aspectos:

- Há muitas publicações que **só exibem algum registro** (uma imagem de um flagrante de assalto apenas para divulgar a urgência de algo ocorrido, sem grandes repercussões, ou mesmo um vídeo "fofo" de animais fazendo coisas inusitadas).
- Há muita **dramatização e sensacionalismo** associados a casos pontuais, tentando-se criar um interesse público.
- Há muitos *clickbaits*, ou seja, conteúdos de baixa relevância que são construídos para "caçar" um clique do leitor dentro do portal.
- Há muita **opinião**, que não necessariamente requisita apuração jornalística (pesquisa, interpretação de dados, consulta a fontes), proferindo-se muitas vezes discursos questionáveis e prejudiciais a camadas da população.

Sem fontes sólidas de financiamento para a execução do bom jornalismo, essas são as "notícias" que restarão. Portanto, é fundamental que se experimentem novas alternativas para o custeio dos valores necessários à manutenção tanto das pequenas quanto das grandes instituições. Acima de tudo, é preciso levar em consideração que devem ser identificados modelos capazes de garantir a seguinte associação: **lucratividade e conteúdo idôneo e de qualidade jornalística**. Segundo Bucci (2009), o desafio de encontrar formas de remuneração direta à imprensa é urgente, pois só assim é possível garantir a existência de uma imprensa independente.

Quem está conseguindo pagar essa conta hoje no jornalismo? Que tipo de empresas estão encontrando maneiras viáveis de gerar receita e permanecer sustentáveis? Para Costa (2014, p. 91), há algo em comum nas instituições que estão trilhando um bom caminho em termos de sobrevivência no ambiente *on-line*. No diz que respeito ao conteúdo, são instituições que "avançam na ideia da informação que não para, não tem hora, pode e deve ser refeita, têm olhos para as mídias sociais, para novos formatos e apostam em conteúdos multimídias".

Há quem defenda que o jornalismo seguirá o caminho de agregadores de conteúdo *on demand*, como Netflix e Spotify, ou seja, que os usuários contratarão exclusivamente as empresas que conseguem mobilizar seu interesse. Para Brambilla (2017), há um erro nesse raciocínio: o funcionamento desses serviços estaria relacionado a produtos voltados ao divertimento, ao prazer. O jornalismo, por outro lado, não produz serotonina, e sim atende a necessidades que não podem ser supridas por outras instituições. Por isso, a pergunta "O conteúdo que eu produzo é bom?" deveria aos poucos ser substituída por "Esse conteúdo é necessário às pessoas?", pois esta é a verdadeira chave do negócio.

Costa (2014) afirma que uma das grandes questões atuais é pensar em novos modelos de negócio sem simplesmente querer transpor para os meios digitais a fórmula gutenberguiana, isto é, a configuração pela qual o impresso funcionou até então. Uma vez que os veículos hoje não operam da mesma forma que em outros tempos, é preciso pensar em novas maneiras de manter as empresas jornalísticas viáveis financeiramente. A seguir, indicamos e analisamos algumas tendências e estratégias testadas atualmente que visam a esse objetivo.

Uso de *paywall* hard e *paywall* poroso ou flexível
Trata-se da conhecida alternativa de buscar fechar o conteúdo *on-line* no intuito de "vendê-lo" ao leitor. Normalmente, é oferecido um "aperitivo" com o intuito de fidelizar o leitor, o qual pode passar a pagar pelo veículo, mas nem sempre é assim.

O *paywall* começou em 1997, quando o *Wall Street Journal* passou a cobrar 50 dólares anuais pela assinatura de seu *site* (Costa, 2014). À época, os jornais ainda não concorriam com as grandes redes sociais que hoje são responsáveis por boa parte da distribuição de conteúdo, como Facebook (criado em 2004) e o Twitter (iniciado em 2006). Hoje, com os avanços tecnológicos, o recurso do *paywall* ainda esbarra em certos problemas, como o aprimoramento de ferramentas e *softwares* que "quebram" o acesso aos conteúdos fechados e os distribuem gratuitamente.

Por essa razão, muitas empresas (como a *Folha de S. Paulo*, o *The New York Times* e mesmo veículos mais alternativos, como o *Nexo*) apostam no formato do *paywall* poroso ou flexível, que consiste em oferecer ao leitor a chance de experimentar certa quantidade de textos, com o objetivo de cativá-lo para que se torne um assinante. Já o *paywall hard* ("forte") é o que não disponibiliza qualquer texto de forma aberta.

Há ainda outra alternativa possível, que é estabelecer duas versões – *premium* e gratuita –, ou seja, disponibilizar conteúdo de graça (limitado) ao leitor comum e uma maior quantidade de material e outros benefícios (participação em sorteios, entrada em comunidades *on-line* etc.) ao assinante.

Embora haja ainda um longo caminho para que essa se torne uma estratégia consolidada nos veículos brasileiros, já existem alguns exemplos de instituições que estão conseguindo viabilizar o *paywall* como forma principal de sustentação financeira. Parte deles investe em mercados de nicho, fornecendo informação qualificada para um público específico – e disposto a pagar por ela. Um desses veículos é o *site* Poder 360[2], mantido pelo jornalista Fernando Rodrigues, que oferece notícias independentes sobre os bastidores políticos em Brasília. O *blog* consegue ser financeiramente sustentável pela renda arrecadada com os assinantes *premium*, que pagam para receber conteúdos exclusivos, enquanto o restante do material é ofertado gratuitamente para todos os leitores (Mazotte, 2017). O sucesso de iniciativas jornalísticas

---

2 Disponível em: <http://www.poder360.com.br>. Acesso em: 5 out. 2017.

como essa mostra que a premissa do fim do modelo do "empacotamento diário de notícias" precisa ainda ser repensada.

Novas formas de fidelização de leitores

Há ainda outras possibilidades de ofertar conteúdos aos leitores sem necessariamente utilizar o modelo dos "10 textos gratuitos" e, a partir de então, a obrigatoriedade do *paywall*.

Uma estratégia que tem sido empregada é o formato "pontos de fidelidade", pensado aos moldes do que ocorre com as companhias aéreas: é oferecida ao leitor uma espécie de moeda digital, a qual ele vai consumir com a leitura dos textos. Ao mesmo tempo, esse leitor pode acumular mais pontos ao executar outras ações, como comentar uma reportagem do jornal, curtir a página do Facebook participar de um clube de descontos, enviar uma fotografia para o jornal, responder a um questionário ou fazer *download* de um aplicativo (Costa, 2014). O interessante desse modelo é que ele estimula o engajamento do leitor com o veículo em diversas outras instâncias e plataformas.

A própria publicidade, agora em modelos reconfigurados

Ainda que a transição para o ambiente digital tenha encontrado muitas dificuldades, há um aspecto positivo: o digital abre múltiplas possibilidades à publicidade.

Há uma vantagem clara para os anunciantes desse meio: o investimento em públicos cada vez mais específicos, segmentados, mapeados por dados de acesso bastante específicos (números de cliques, localização dos usuários, perfil do público etc.). As técnicas de SEO[3] avançam cada vez mais, possibilitando uma precisão maior às agências de *marketing* digital – e aos próprios jornalistas, que agregam esse conhecimento para angariar visibilidade ao conteúdo que produzem. Em outras palavras, a lógica para a propaganda na internet é bem diferente da convencional porque o ambiente *on-line* representa a vitória da mensuração, ou seja, o conhecimento imediato do perfil do usuário e o uso de recursos para que uma mensagem atinja públicos bastante específicos (Costa, 2014).

Com o passar do tempo, descobriu-se que a internet trabalha por meio das lógicas do *marketing* direto e não pelas formas tradicionais da publicidade, o que, em certa medida, foi uma decepção para os veículos de comunicação, que esperavam reproduzir no digital o mesmo modelo de rendimentos das mídias *off-line* (Anderson; Bell; Shirky, 2013). No início, alguns imaginavam que essa dinâmica do *marketing* direto seria passageira, mas não parece ser o caso. A publicidade convencional parecia funcionar,

• • • • •

3   A sigla SEO refere-se à expressão *Search Engine Optimization* e corresponde à otimização para mecanismos de busca em *sites*. São regras e estratégias que, quando empregadas, ajudam a potencializar e melhorar o posicionamento orgânico (ou seja, não pago) de um *site* em páginas de busca, como o Google.

pois pouco se sabia a respeito de seu funcionamento e, por isso, não havia muito conhecimento sobre como otimizá-la. "Hoje, na internet, o anunciante espera, cada vez mais, que até a publicidade tradicional tenha resultados mensuráveis – e a aposta na publicidade mensurável derruba as altas margens [de lucro] da fase áurea" (Anderson; Bell; Shirky, 2013, p. 36).

Outra estratégia é a construção de *ad networks* de jornais, que são redes independentes constituídas pelos veículos para captar anúncios publicitários. Nelas, os anunciantes são atraídos por meio de processos que prometem a inserção de anúncios por ferramentas automatizadas, possibilitando que escolham em qual veículo a publicidade será publicada com base nas características de seu público. Assim, a receita é dividida entre os veículos e a própria rede, como uma espécie de cooperativa. O fato de não existirem ainda muitas redes bem-sucedidas com esse modelo não deve ser tomado como sinal de que a ideia deve ser abandonada (Costa, 2014).

Além disso, é preciso ter clareza de que, no jornalismo *on-line*, a publicidade provavelmente jamais voltará a ser a única ou a principal fonte de renda para pagar as contas (Costa, 2014). Dessa forma, todos os veículos – mesmo os que atingem nichos muito específicos – que continuam centralizando seus subsídios apenas no ganho provindo dos anunciantes devem pensar em planos estratégicos para pluralizar suas fontes de renda.

Campanhas de financiamento

Muitos especialistas apostam que o caminho mais viável no jornalismo é conquistar o leitor pela qualidade de seu conteúdo de modo que ele passe a ser um financiador do veículo. Essa alternativa parte do pressuposto de que o consumidor fidelizado a um meio de comunicação estará propenso a pagar voluntariamente por ele.

Essa dinâmica está adequada à chamada *cultura da participação*, na qual os usuários querem fazer parte das mídias que consomem. O sucesso de algumas iniciativas (entre as quais se incluem projetos jornalísticos) de *crowdfunding* – financiamento coletivo – mostra que existe uma espécie de sentimento coletivo muito atrelado à participação. Como explica Jeff Howe (2009, citado por Villegas; Santos, 2016, p. 175), editor contribuinte da revista americana *Wired*,

> Ao contrário da visão distópica e agourenta de que a internet serve principalmente para isolar as pessoas, o *crowdfunding* usa a tecnologia para incentivar níveis inéditos de colaboração e trocas significativas entre pessoas com formações mais diversas, das mais distantes localizações geográficas.

Há muitos casos de reportagens especiais financiadas por esse sistema, como *My Four Months as a Private Prison Guard*, produzida pelo repórter Shane Bauer para o portal Mother Jones[4], em 2016, com o propósito de revelar a realidade dos presos americanos. A reportagem custou 350 mil dólares, dos quais 5 mil foram financiados por anúncios publicitários, enquanto o restante veio de campanhas feitas com os leitores. O material conta com texto, documentário radiofônico e vários vídeos.

Normalmente, essas arrecadações ocorrem por meio de plataformas mediadoras, como Kickante, Catarse e Benfeitoria. Nesse sistema, as páginas cobram uma porcentagem do valor arrecadado pela instituição que requer o financiamento. As campanhas têm tempo limitado, e os financiadores costumam ser recompensados de acordo com o valor da contribuição (como a inclusão do nome nos agradecimentos, acesso a conteúdos exclusivos e prêmios).

Financiamento recorrente

Enquanto algumas plataformas descritas anteriormente realizam *crowdfunding* de projetos fechados (ou seja, com começo, meio e fim, como a execução de uma reportagem), há outras formas de financiamento que são recorrentes. Nesse formato, os leitores escolhem colaborar periodicamente com um veículo de sua

---

4 Para conhecer a reportagem, acesse: <http://www.motherjones.com/politics/2016/06/cca-private-prisons-corrections-corporation-inmates-investigation-bauer>. Acesso em: 5 out. 2017.

preferência, tal como em uma assinatura, porém por meio de outra dinâmica, menos comercial e mais colaborativa. Os valores dos planos costumam variar de acordo com as opções do consumidor, e normalmente o pagamento é mensal.

Em certa medida, é como se o leitor passasse a ser "patrão" do meio de comunicação no qual confia e quer investir, garantindo uma relação mais próxima e menos mediada por outros financiamentos, como o publicitário. Esse compromisso entre veículo e leitor, bem como sua independência da fonte publicitária, pretende assegurar a independência do jornalismo e garantir uma produção mais qualificada.

No Brasil, alguns veículos independentes já funcionam assim. Para que a estratégia seja viável, há algumas características comuns nesse modelo: o público costuma ser mais fiel, uma vez que opta voluntariamente por criar o vínculo que ajuda a manter aquele veículo; os jornalistas são mais próximos de seus leitores do que em outras empresas, algo que é fundamental para a manutenção do vínculo estabelecido; a relação costuma ser de honestidade de ambos os lados, e os leitores, que geralmente recebem recompensas especiais (participação em clubes, comunidades fechadas no Facebook, sorteios de produtos, disponibilização de conteúdos exclusivos para os apoiadores etc.), costumam ser compreensivos com possíveis limitações das instituições que subsidiam.

Financiamento via doações privadas

Outro modelo possível, e ainda pouco explorado no Brasil, é o de instituições jornalísticas sem fins lucrativos, sustentadas por meio de ações de filantropia, doações, financiamentos feitos por fundações e até pelos próprios leitores. São exemplos a ProPublica[5], conhecido veículo americano que produz reportagens investigativas, e o The Marshall Project[6], destinado a temas ligados à justiça criminal. No Brasil, a Agência Pública, já citada neste livro, é um exemplo: sua existência se dá por meio do apoio financeiro de várias fundações e por doações isoladas.

A vantagem desse modelo está sobretudo em sua independência: pelo fato de não depender de fontes tradicionais para gerar receita, o veículo pode manter maior autonomia no cumprimento de seu plano editorial. Na maior parte das vezes, as instituições apoiadoras são fundações já estabilizadas e com interesse direto no estímulo à democracia.

Fornecimento de serviços agregados

Deve estar claro, neste ponto, que os veículos de comunicação já não têm mais total controle sobre seu negócio e precisam encarar as mudanças aqui citadas. Uma das soluções possíveis é oferecer aos seus leitores uma nova gama de produtos e serviços

• • • • •

5   Disponível em: <https://www.propublica.org>. Acesso em: 5 out. 2017.
6   Disponível em: <https://www.themarshallproject.org>. Acesso em: 5 out. 2017.

de informação, aos moldes do que já acontece com empresas gigantes, como Google, Amazon e eBay.

Esses agregados podem se apresentar de diversas formas, desde o fornecimento de produtos extras até o investimento em parcerias com anunciantes que pagarão por conteúdos patrocinados, os publieditoriais, de que trataremos mais adiante. Ou seja, a existência desses produtos pressupõe não apenas a venda de informação, mas um negócio que fornece também outros serviços – o que não se enquadra em sua essência jornalística.

O Universo Online (UOL), surgido em 1996, é um bom exemplo de empresa 100% digital criada dentro de uma empresa jornalística (o jornal *Folha de S. Paulo*) que se tornou maior do que a instituição matriz. Embora se configure como um portal de conteúdos, o UOL fornece diversos outros serviços aos seus associados – entre eles *e-mail*, registro de domínios e serviço de hospedagem de *sites*, compras *on-line*, dicionários, cursos, assistência técnica e classificados (Costa, 2014).

A lista dos serviços que podem ser fornecidos pelos veículos é imensa e há muitos produtos que ainda podem ser pensados. Costa (2014, p. 107) se propõe a categorizar alguns dos serviços possíveis (alguns já citados): conteúdos patrocinados, conforme mencionado anteriormente; *newsletters* exclusivas que podem ser enviadas por *e-mail*; serviços de composição de dossiês sobre assuntos urgentes, com a compilação de conteúdos já publicados sobre temas históricos de interesse da comunidade; venda de material de arquivo; classificados; venda de livros ou *e-books* exclusivos do veículo ou ligados a editoras parceiras; venda de guias (turísticos, gastronômicos, culturais) *on-line* e impressos; *e-commerce* exclusivo para venda de ingressos, por exemplo; clubes de descontos, em parceria com empresas diversas; hospedagem de *sites*; cursos *on-line*; acesso a aplicativos exclusivos para celular; serviços de encontro para casais etc.

Uso inteligente das redes sociais

Existe ainda uma visão errônea que circula entre os veículos de comunicação de que as redes sociais seriam predatórias, no sentido de que "roubariam" os direitos de circulação dos conteúdos criados por eles. Essa visão, no entanto, é retrógrada, porque carrega uma negação da realidade: os modos de consumo de notícias mudaram, e isso é definitivo.

Conforme já destacamos ao longo deste livro, o ambiente digital mudou radicalmente o funcionamento da comunicação. O velho modelo no qual as pessoas acessavam notícias diretamente pelo portal dos veículos ou por seus aplicativos já não é mais a regra: hoje o cenário é de superdistribuição, em que os usuários enviam o material que lhes interessa para outros usuários (Anderson; Bell; Shirky, 2013). Muitos cidadãos só se aproximam de notícias por meio de redes como o Facebook e o Twitter ou plataformas como o YouTube. No Brasil, as pessoas passam em média 10 horas e 32 minutos do mês acessando o

Facebook – não existe veículo jornalístico que consiga reter o mesmo tempo de atenção (Costa, 2014).

Desse modo, nenhuma instituição jornalística pode hoje se dar ao luxo de desconsiderar as redes sociais como um importante meio de comunicação de seu conteúdo. O que essas empresas devem fazer é procurar maneiras de rentabilizar esse acesso, por meio de políticas internas definidas para o uso de suas redes sociais.

São alternativas possíveis, por exemplo, o investimento em ferramentas que fazem medição dos resultados das redes sociais, de forma a usar esses dados de modo estratégico; o oferecimento dessas informações rastreadas para clientes publicitários, que poderão investir com mais segurança; a execução de campanhas *on-line*, que podem reverter-se em assinaturas para o veículo etc.

5.3
Novos desafios e boas oportunidades para jornalistas

Nesta seção, vamos listar algumas mudanças que sinalizam reflexões que os jornalistas devem fazer, bem como oportunidades importantes vislumbradas no futuro da profissão. O intuito é identificar elementos claros relativos aos desafios e às possibilidades no jornalismo.

∴ Aumento do erro jornalístico

A grande quantidade de informação hoje disponível – uma consequência, sobretudo, do fim da exclusividade da imprensa como instituição detentora do direito de produzir e distribuir notícias – tem contribuído para um resultado perigoso: o aumento da incidência de erros jornalísticos, resultante de um afrouxamento nos mecanismos de verificação e apuração.

Um estudo realizado pelos professores Scott Maier e Philip Meyer entre os anos de 2002 e 2003 – antes de os veículos sofrerem o impacto da superoferta informativa causada pela internet – revelou a taxa de 61% de erros em jornais regionais norte-americanos (Castilho, 2014). Desde então, muito mais pessoas passaram a integrar o ramo de produção de notícias, e essa taxa tende a aumentar. Isso ocorre não porque os amadores sejam necessariamente menos rigorosos do que os jornalistas, mas porque o volume de informação é tão gigantesco que impossibilita uma verificação mais minuciosa.

Para Castilho (2014), essa explosão informativa abriu brechas para a estratégia perigosíssima do "publique antes, corrija depois" – algo que, em outros momentos históricos, foi entendido como a pior das heresias da prática jornalística. A corrida pelos acessos e pela conquista de um leitor imerso em um cenário de abundância de informações tem exigido dos jornalistas uma revisão e consequente aprimoramento das formas pelas quais verificam aquilo que será publicado. Afinal, uma das diferenças fundamentais entre jornalistas e amadores – e uma das razões que sustentam a importância dos primeiros como profissionais "autorizados" a falar dos fatos – é que os jornalistas prestam contas à sociedade dos erros que eventualmente ocorrem no ofício.

Para construir uma metodologia menos passível de erros, primeiramente é preciso assumir que eles são inevitáveis. Para Philip Meyer (citado por Castilho, 2014, p. 38), "um jornal diário sem erros factuais é inviável porque não consegue cumprir prazos de fechamento".

Ou seja, a prática do jornalismo diário tem sempre como desafio a busca de um equilíbrio entre rapidez e exatidão. É fundamental ter isso em mente ao planejar mecanismos melhores para minimizar a quantidade de equívocos como os listados a seguir.

- **Lapsos pessoais**: são erros de digitação, equívocos diante da câmera, tropeços na leitura de texto etc. O principal modo de evitá-los é por meio de treinamento, revisão e recapacitação do repórter.
- **Violação das regras jornalísticas**: são problemas decorrentes do descumprimento de regras consolidadas coletivamente como necessárias para o cumprimento do ofício, como não fazer a devida checagem, deixar de ouvir os dois

lados de uma história, confiar demasiadamente na fala de uma fonte. Segundo Castilho (2014), essas falhas se tornaram mais comuns em decorrência do aumento no número de fontes com interesses específicos quando falam aos jornalistas. A urgência da velocidade e a busca pelo furo a todo custo também tendem a aumentar esse tipo de erro.

- **Falta de importância dada aos próprios erros:** como já comentamos, podemos afirmar que o jornalismo nunca esteve tão na mira do escrutínio público, executado com maior ou menor grau de criticidade pelos consumidores. Por essa razão, é essencial que os veículos adotem uma postura de transparência quanto a seus equívocos – como já mencionamos, inevitáveis. Isso pode incluir o recurso de exibir um "erramos" em suas páginas, o que tende a garantir uma maior confiança da audiência, ou em espaços mais especializados, como uma coluna de *ombudsman*[7], que pode desempenhar uma importante função de educação do público quanto ao correto funcionamento do jornalismo e às cobranças que podem ou não ser feitas. Há portais especializados em

---

7   Trata-se de um termo escandinavo que significa "representante do cidadão", ou seja, uma pessoa encarregada de ouvir e ajudar a resolver as reclamações da população. No jornalismo, a função compreende um profissional encarregado de representar os leitores em uma análise do próprio veículo, a qual será trazida a público. A tarefa costuma ser desempenhada por um jornalista de carreira consolidada que recebe um mandato e fica deslocado da redação para ter autonomia na realização dessa crítica. Em suma, o *ombudsman* serve para aprimorar os processos das instituições jornalísticas e diminuir erros futuros.

apontar boatos e notícias falsas, como o *site* Boatos.Org[8].
É preciso ter em mente que todos esses processos servem, por fim, para servir de constante aprendizado sobre as causas e as consequências dos erros realizados por jornalistas.

- **Fontes viciadas:** muitos jornalistas hoje desempenham parte de seu trabalho concretizando formas de agregação e distribuição de conteúdos *on-line* produzidos por outros veículos, os quais operam como fontes ou como a própria informação que será repassada. Essa realidade exige do profissional um cuidado maior para evitar que seu trabalho se baseie em fontes viciadas, sem credibilidade ou correção em seu material. Com a alta quantidade de assessorias de imprensa que tentam emplacar suas fontes nos veículos jornalísticos, é também possível que o repórter seja tentado a usar uma fonte simplesmente pela falta de tempo para procurar outra. A falta de conhecimento da população sobre fontes confiáveis é um problema sério, mas imperdoável quando interfere no trabalho jornalístico. Se já era difícil garantir a idoneidade das informações quando elas eram mais enxutas e provinham dos mesmos lugares, hoje esse desafio aumentou exponencialmente. Uma das grandes dificuldades impostas ao jornalismo contemporâneo é como

---

8 Disponível em: <http://www.boatos.org/>. Acesso em: 5 out. 2017.

situar-se nessa espécie de guerra de versões que cercam praticamente todos os assuntos, especialmente os que causam polêmica. É o caso, por exemplo, da discussão acerca da fosfoetanolamina, grosseiramente chamada pela imprensa de *pílula do câncer*[9]. Em casos como esse, o jornalista enfrenta um dilema: Como retratar um acontecimento em que várias posições (dos cientistas, dos médicos, da indústria, da universidade e dos próprios cidadãos acometidos pela doença) se cruzam? É uma responsabilidade e tanto, que se potencializa pelo fato de que todas essas vozes acham hoje espaço para se manifestarem. O problema das notícias veiculadas por *sites* sem credibilidade é crucial aqui. Um levantamento divulgado em 2017 pela Associação dos Especialistas em Políticas Públicas de São Paulo (AEPPSP), com base em critérios definidos por uma pesquisa[10] da Universidade de São Paulo (USP), listou indícios que ajudam a verificar se o veículo acessado é idôneo: os *sites* costumam ser registrados com domínios *.com* ou *.org* (sem o *.br* no final, o que dificulta a identificação dos responsáveis por eles); não costumam identificar com clareza em suas páginas quem são os administradores,

---

9 Uma boa reportagem sobre essa questão pode ser encontrada em: ESTEVES, B. A panaceia. **Revista Piauí**, n. 120, set. 2016. Disponível em: <http://bit.ly/2q5vlDO>. Acesso em: 5 out. 2017.
10 A pesquisa está agrupada na página Monitor do Debate Político no Meio Digital, disponível em: <https://www.facebook.com/monitordodebatepolitico/?fref=ts>. Acesso em: 5 out. 2017.

o corpo editorial ou os jornalistas; costumam trazer notícias não assinadas, repletas de opinião e com elementos de discurso do ódio; costumam publicar muitas informações por dia; empregam nomes parecidos aos de outros veículos jornalísticos de reputação já consolidada, de forma a confundir o leitor; costumam ter *layouts* poluídos, de modo a se parecer mais com um portal de notícia, o que tenderia a conferir credibilidade por parte de leitores leigos; são cheios de propagandas automáticas do Google, com as quais geram alguma renda a cada visualização e compartilhamento

- **Baixo domínio das ferramentas tecnológicas**: conforme já mencionamos ao longo deste livro, hoje os jornalistas precisam lidar com as consequências de uma superoferta de informações vindas de todos os lados. É bem possível que o jornalista receba dados em primeira mão de fontes menos tradicionais, como pessoas que postam em contas do Twitter ou em páginas do Facebook. Por isso, é essencial dominar minimamente os "protocolos" das redes para não ser enganado. Para as postagens feitas nas redes sociais, pode-se proceder à criação de contas falsas, à produção de tuítes falsos, muito compartilhados na internet[11], à simulação de retuítes[12] que não existem e de usuários verificados[13] falsos etc.

Para que se lide com mais segurança com essas ferramentas e se evitem os erros citados, Claire Wardle (2014) indica quatro perguntas que os jornalistas devem se fazer quando partem de informações vindas das redes digitais:

1. **O conteúdo compartilhado é original ou está sendo recompartilhado por alguém?** É possível que o jornalista descubra que a fonte que está acessando compartilha alguma informação de segunda mão – nesse caso, precisa encontrar a fonte original.

2. **Quem colocou a informação na rede?** Ao descobrir que tal conteúdo não foi produzido pelo usuário que o compartilha, é necessário ir atrás da fonte original para confrontá-la. Se for um vídeo, por exemplo, deve-se contatar a pessoa que o produziu e levantar uma série de dúvidas (qual foi o

---

11   A página <http://www.lemmetweetthatforyou.com> providencia esse "serviço" de falsificação de tuítes.
12   Ato de "recompartilhar" um tuíte na plataforma Twitter. Como qualquer usuário pode editar um tuíte ao compartilhá-lo em sua página, é possível forjar um texto como se tivesse sido publicado por uma personalidade famosa.
13   No Twitter e no Facebook, há o recurso de verificação de contas, feito pelas próprias redes sociais, quando se trata de usuários famosos ou com alto grau de influência, de forma a garantir aos usuários que aquela página pertence a uma pessoa conhecida e não a um *fake*. Quando isso ocorre, uma espécie de flechinha azul é anexada ao lado do nome do usuário. No entanto, mesmo isso pode ser forjado por meio de ferramentas como Photoshop, levando a possíveis erros quanto à autoria de tais perfis.

tipo de câmera usada, em que ângulo ela estava, o que ela registrou etc.). Isso ajudará a identificar se a pessoa está tentando passar adiante uma informação falsa.

3. **Qual é a data de criação do conteúdo?** Este pode ser um dos passos mais difíceis da verificação, mas é essencial, pois muitos erros são cometidos por pessoas que recompartilham flagrantes antigos como se fossem novos. Para driblarem essa possibilidade, alguns ativistas, por exemplo, costumam filmar a capa dos jornais do dia para assegurar a data exata em que aquele registro foi feito.

4. **Onde o conteúdo foi criado e compartilhado?** O domínio das ferramentas de geolocalização também pode ajudar a verificar esse dado e assegurar a veracidade de um registro.

∴ O desafio das *fake news* e o fenômeno da pós-verdade

Até este ponto, já discutimos muito sobre o impacto da popularização das tecnologias de comunicação na sociedade, aspecto que facilita o acesso à produção de notícias para boa parte das pessoas – que não necessariamente são jornalistas por formação. Por um lado, esse fenômeno tem colaborado para que outras vozes sejam ouvidas pelo jornalismo, talvez pela primeira vez, já que encontram caminhos para uma visibilidade mais efetiva junto à população, mesmo quando ignoradas pelos veículos tradicionais de comunicação. Isso, certamente, é um efeito positivo.

Por outro lado, o amplo acesso às ferramentas de mídia tem acarretado um problema urgente: a enxurrada de *sites* de notícias falsas que hoje povoam a internet. Essas páginas acabam gerando uma desorganização no campo da comunicação, uma vez que fazem circular conteúdos mentirosos ou de pouca precisão jornalística, mas que, por meio de diversas estratégias (como o uso de diagramação e linguagem semelhantes às dos jornais conhecidos), conseguem se misturar às notícias idôneas e são muito compartilhados pela audiência, que os tem como verdadeiros.

Para completar o problema, muitas vezes esses *sites* se tornam bastante lucrativos aos seus proprietários, pois geram muitos cliques, o que, na internet, equivale a uma das principais fontes de rentabilidade por meio da venda desses acessos a anunciantes. Apenas a título de comparação, a empresa ComScore, que mede a audiência digital, verificou que o *site* mineiro Pensa Brasil, frequentemente acionado pela justiça em razão da veiculação de notícias falsas, registrou, em dezembro de 2016, a quantidade de 2,1 milhões de acessos únicos; o *O Estado de Minas*, principal jornal digital do estado, registrou 2 milhões de acessos únicos no mesmo período (Victor, 2017a).

Muitas vezes os anúncios veiculados nesses páginas de pouca credibilidade costumam ser feitos por agências especializadas, que vendem impressões de acordo com a audiência – e não pela escolha direta do veículo. Por isso, quanto mais acessos tiver uma plataforma, mais anúncios ela atrairá. Em outras palavras, o mecanismo faz com que *sites* que veiculam informação de baixa qualidade possam se tornar bastante lucrativos.

Uma pergunta absolutamente legítima é: Se tais *sites* veiculam mentiras, então por que as pessoas os acessam e compartilham voluntariamente seus conteúdos em suas redes sociais? A resposta a esse questionamento é bastante complexa, mas pode ser razoavelmente definida mediante o conceito de *pós-verdade*. Em suma, o termo engloba um fenômeno recente: o fato de que estaríamos mais propensos a aceitar argumentos que apelam à emoção e às crenças pessoais do que os que remetem a fatos objetivos (Kluppel, 2017).

As notícias falsas, ou *mentiras veiculadas sob forma de notícia*, como alguns pesquisadores preferem denominá-las, encontram público bastante inclinado a acreditar (e, consequentemente, a fazer circular nas redes) naquilo que está de acordo com o que já pensa ou crê e menos disposto a buscar a objetividade dos fatos (ou seja, uma informação passível de verificação isenta, sem a interferência da subjetividade ou dos ânimos daquele que a produz). Já existem pesquisas que reiteram isso: estudos da Universidade de Columbia mostram que 59% dos *links* compartilhados nas redes sociais nem chegam a ser abertos pelos usuários que os compartilham (Sá, 2017). Ou seja, as pessoas estariam mais propensas a repassar algo com o qual, simplesmente, concordam.

Para muitos estudiosos e profissionais da mídia, a grande dificuldade é como lidar com as notícias falsas sem chegar a formas de censura ou de coibição da liberdade de expressão (Victor, 2017a). Um dos caminhos possíveis, sugerido por Sakamoto (2016), é investir na leitura crítica de mídia desde a infância, ensinando os estudantes a distinguir argumentos falaciosos dos que têm fundamento lógico. Outros pesquisadores acreditam que a diminuição na circulação de notícias falsas ocorrerá por meio de mecanismos regulatórios dos principais *sites* de distribuição de conteúdos, como o Facebook, pois seriam os principais responsáveis pela sobrevida desses materiais.

O historiador Robert Darnton (citado por Victor, 2017b), por sua vez, afirma que as notícias falsas sempre existiram e que esse sistema de checagem pela população entre o que é verdade e o que é mentira talvez tenda a se autorregular com o passar do tempo.

∴ Influência dos grandes agregadores de conteúdo

O jornalismo também enfrenta o desafio de lidar com o fato de que hoje, na vida *on-line*, existe uma dependência de *sites* ou buscadores que funcionam como agregadores de conteúdo. Mencionamos aqui especialmente dois, o Google e o Facebook, que se tornaram, na vivência de muitos usuários, quase um sinônimo de internet: tudo, em alguma medida, passa por eles, o que os tornou os caminhos iniciais de boa parte do acesso à rede.

Isso impacta fortemente o jornalismo, a começar pela questão publicitária: muitos dos anunciantes migraram para essas duas plataformas, preferindo pagar para o Google e o Facebook – os quais operam por meio de algoritmos que otimizam a visualização de conteúdos por públicos bastante específicos – a pagar para veículos jornalísticos, por exemplo. Isso não é possível nas páginas de jornais ou nas empresas de comunicação eletrônica, como o rádio e a televisão, nas quais a publicidade se vincula diretamente às instituições escolhidas.

O movimento de migração de conteúdos para o Facebook, por exemplo, fortaleceu-se a partir de 2007, quando a página lançou o recurso das *fanpages* para as marcas. Diversas instituições – empresas comerciais, políticos, celebridades, produtos midiáticos etc. – logo passaram a usar corriqueiramente esse recurso como forma de chegar ao seu público-alvo.

No entanto, o uso dessas páginas editoriais por empresas de comunicação acarretou dois principais problemas ou desafios de ordem editorial e comercial. No âmbito editorial, o problema é que os veículos jornalísticos não têm grandes poderes na plataforma para editar ou determinar como se dará a distribuição de seu conteúdo. As notícias publicadas só serão vistas por seus seguidores quando seu perfil coincidir com os algoritmos do Facebook. Por exemplo, se o algoritmo interpretar que um assunto considerado menor (como algo relacionado à vida de uma celebridade) tem mais peso para aquele usuário, ele priorizará o envio no *feed* desse tipo de conteúdo, em vez de notícias consideradas mais relevantes pelo próprio jornal. Ou seja, o Facebook distribui as notícias de acordo com o que captura das pessoas, com o que mais gostam de ler, e não conforme a proposta editorial de um veículo específico. Além disso, essa rede social se reserva o direito de censurar informações que não estejam de acordo com sua linha editorial (Costa, 2014).

O problema comercial tem origem mais complexa: ao entrarem no Facebook, os jornais, em alguma medida, transferem sua base de leitores para a página. Os valores pelos quais a rede social negocia esses dados com os anunciantes, não obstante, é muito menor do que o jornal pratica em seu espaço próprio, como em seu *site* e mesmo em suas páginas impressas.

A consequência disso é que as empresas perdem uma importante fonte de lucro ao terem de "se render" ao negócio consolidado pela rede social, uma vez que os anunciantes estão preferindo investir menos nessa base *on-line* e conjunta. Essa situação levou a Rede Globo, entre abril e dezembro de 2013, a retirar seus *links* do Facebook, mantendo apenas uma página com quase nenhuma atividade.

Conforme relata Camila Fusco, gerente de comunicação do Facebook, todo esse processo de redução de alcance das postagens provindas de *fanpages* é natural e não motivado por estratégias com vistas ao pagamento de anúncios, pois o *feed* de notícias do *site* está se tornando a cada dia mais concorrido, impossibilitando grandes graus de visualização orgânica de conteúdos (Sacchitiello, 2013).

No caso do Google, a relação é um pouco diferente: os conteúdos jornalísticos de empresas com reputação são de extremo valor ao buscador, pois ele vende publicidade de acordo com a relevância daquilo que é buscado pelos usuários. Entretanto, surge o mesmo impasse enfrentado com o Facebook: os jornais não ganham com a publicidade agregada às páginas que indicam seus conteúdos.

Uma das soluções encontradas pelo Google foi a criação do Google News, um buscador específico de conteúdos jornalísticos. Em 2012, representados pela Associação Nacional dos Jornais (ANJ),

154 jornais brasileiros decidiram sair desse serviço, argumentando que não recebem compensação financeira pelo uso de suas manchetes e que a plataforma não aumentou em níveis consideráveis o acesso a seus portais (Fraga, 2012). Em alguns países europeus, o oferecimento desse serviço pelo Google levou a disputas quanto a direitos autorais no uso dos conteúdos (Costa, 2014).

∴ Conexões com as redes sociais: jornalismo na era da participação

Quem hoje tem algum acesso às mídias provavelmente já se deu conta de que não faz mais sentido pensar nelas de forma isolada, ou seja, quem produz para a televisão, por exemplo, sabe que parte do público que assiste a essas produções fará isso enquanto vê outra coisa no celular; quem lê jornais provavelmente chegará a alguma matéria por meio do acesso às redes sociais. A era em que os meios eram vistos apenas em seus aspectos individualizados acabou.

Isso afeta também a realidade dos veículos jornalísticos no que diz respeito tanto às formas de monetizar esses produtos (conforme já vimos neste mesmo capítulo) quanto ao fato de que os jornalistas precisam, cada vez mais, levar em consideração os modos de engajamento do público com aquilo que produzem. Em um universo em que a informação é abundante, é preciso pensar não apenas em produzir com qualidade, mas também em descobrir maneiras para que o leitor chegue ao trabalho realizado.

No campo do entretenimento, essas mudanças são mais visíveis. O programa *MasterChef Brasil*, por exemplo, anunciou o vencedor de uma de suas temporadas não no próprio programa, mas na rede social Twitter. A relação entre a TV e o microblog parece ser de simbiose, nas palavras de Guilherme Ribenboim, diretor-geral da empresa no Brasil: "o Twitter faz a TV melhor e a TV faz o Twitter melhor" (citado por Costa, 2014, p. 78).

A plataforma, aliás, tem se revelado um importante canal complementar ao uso da televisão, no fenômeno chamado de *segunda tela* – basicamente, o fato de que as pessoas acessam um dispositivo adicional (como um celular ou um *tablet*) enquanto assistem à TV, algo impensado em outras épocas, quando o consumo desse meio de comunicação pressupunha exclusividade.

O que realmente nos interessa aqui é refletir: Por que, afinal, isso acontece? Por que as pessoas estão mudando aos poucos seus hábitos de consumo? Isso se relaciona a diversas questões, como a própria mudança geracional (as novas gerações estão cada vez mais habituadas aos ambientes digitais em detrimento da escrita ou da TV tradicional) e a velocidade da vida urbana. No entanto, é preciso destacar um fator importante: vivemos hoje a chamada *cultura da participação*, em que fazer parte de algo, por meio das mídias, é um elemento crucial de sociabilidade.

Em certa medida, é a isso que se refere Jenkins (2008) na obra *Cultura da convergência* ao analisar as profundas mudanças nos negócios das mídias tendo como foco o novo consumidor, que não quer apenas consumir um produto de sua preferência, mas participar dele de forma mais íntima. Como explica Jenkins (2008), a circulação dos conteúdos midiáticos – entre os quais, obviamente, se incluem as produções jornalísticas – depende fortemente da participação ativa do público.

Assim, as instituições jornalísticas precisam encarar isso como uma realidade da qual não podem fugir. A "satisfação de sentimentos de participação e compartilhamento pode aumentar nosso desejo de maior conexão, o que aumenta sua expressão e assim por diante", explica Shirky (citado por Villegas; Santos, 2016, p. 175).

∴ Fusões entre o jornalismo e a publicidade

Vamos tratar agora de um tópico que causa ainda muita polêmica e discordância entre os jornalistas. Na profissão, há uma bandeira velada – mas com a qual, a princípio, todos os jornalistas concordam – que estipula como regra fundamental para bom funcionamento do jornalismo a necessidade de haver uma versão própria da ruptura inconciliável entre Igreja e Estado. O que isso quer dizer? Que, no jornalismo, é preciso que haja sempre uma distância intransponível entre o setor da redação (a produção jornalística) e o setor comercial (que cuida dos negócios e garante a viabilidade do veículo). Foi essa espécie de "dogma" que, idealmente, garantiu as condições para que o jornalismo mantivesse sua independência em relação àqueles que o financiam.

No entanto, os tempos mudaram, e hoje alguns profissionais cogitam novas configurações para essas relações, com a exploração de formatos em que as conexões entre o jornalismo e a publicidade fiquem mais evidentes. É importante que, em todas as experiências que promovem a fusão entre produção jornalística e empresas anunciantes, isso fique muito evidente para o leitor, como maneira de manter a transparência e a honestidade com o público.

Vejamos dois exemplos de iniciativas nesse sentido, já bastante conhecidas dos jornalistas e dos leitores:

- **Publieditorial**: também chamado de *advertorial*, consiste em um conteúdo publicitário reproduzido em um veículo noticioso mediante o uso das convenções das produções jornalísticas. Como exemplos, podemos apontar um caderno especial patrocinado por lojas em uma data comemorativa para emplacar seus produtos, um encarte pago pelo governo em um jornal ou revista para informar a população sobre uma doença ou mesmo uma matéria em um telejornal que exibe um *resort* pago em uma praia paradisíaca. O *site*

BuzzFeed, por exemplo, tem nos conteúdos patrocinados sua única fonte de receita; há um departamento responsável por gerenciar esse negócio (Costa, 2014). O formato pode ser duramente condenável quando não há indicação da relação que é mantida com os patrocinadores – o que muitas vezes acontece. Na maior parte das vezes, há uma intenção por parte dos anunciantes de que aquele conteúdo seja reconhecido como jornalístico e não publicitário, o que faz com que busquem sutilmente confundir o leitor. Ao contrário do que poderíamos imaginar, essa estratégia tem sido empregada cada vez mais por empresas de comunicação consideradas idôneas e respeitáveis, como o *New York Times*.

- *Branded content*: é possível produzir conteúdos de alta qualidade gerados por meio de parcerias entre veículos jornalísticos e empresas. Novamente, a chave é esclarecer a natureza do material para o leitor e priorizar um conteúdo de clara contribuição à população. Para que o conteúdo seja idôneo, ele deve ser produzido fora do ambiente editorial, em um setor específico, mais próximo ao comercial, mas precisa estar fundamentalmente regido pelas regras da produção jornalística – como a imparcialidade, a consulta a fontes especializadas e a clareza textual.

Um ótimo exemplo de matéria multimídia – publicada no *Wall Street Journal* e financiada pelo serviço de *streaming*

Netflix – é a *Cocainenomics*[14], uma reportagem interativa sobre o famoso cartel de Medellín, o qual era comandado pelo traficante Pablo Escobar. O conteúdo, que tem cunho histórico e explora diversos recursos multimídia, foi produzido como uma estratégia de divulgação da série *Narcos*, produzida pela Netflix.

Ainda que tais formatos causem muita polêmica e discordância – há organizações de jornalistas que já se pronunciaram defendendo que tais conteúdos não têm natureza jornalística –, eles não deixam de sinalizar caminhos e oportunidades de trabalhos aos profissionais, em funções que dialogam com as do *marketing*.

Síntese

Neste capítulo, voltamos a atenção aos rumos tomados pela profissão atualmente. Tratamos do futuro do jornal impresso, examinando elementos importantes para refletirmos sobre a permanência ou a extinção desse veículo. O objetivo, porém, não era fazer previsões, mas levantar aspectos já verificáveis para pensar a reformulação do funcionamento do jornal impresso.

• • • • •

14 Para conhecer a reportagem, acesse: <http://www.wsj.com/ad/cocainenomics>. Acesso em: 5 out. 2017.

Com base nessa reflexão, demos continuidade à análise das possíveis mudanças nos modelos de negócio que sustentam a viabilidade das empresas jornalísticas. Buscamos apresentar ferramentas e informações para a criação de novos veículos, extremamente necessários à população neste cenário de jornalismo pós-industrial. Por fim, identificamos novas possibilidades e riscos que se abrem aos profissionais nesse panorama, como a concorrência com os portais de notícias falsas, a necessidade de definir formas de engajamento, as novas facetas do erro jornalístico e as possíveis fusões entre o jornalismo e a publicidade.

Para saber mais

O ABUTRE. Direção: Dan Gilroy. EUA, 2014. 117 min.

Bastante impactante, o filme levanta uma discussão urgente: como o jornalismo está fazendo uso dos registros amadores, muitos deles resumidos a meros flagrantes de tragédias e outras imagens violentas. Na obra, assistimos à constituição de uma nova atividade profissional (não tão distante da realidade brasileira quanto possa parecer): o trabalho de cinegrafistas independentes que "caçam" imagens para vendê-las às emissoras televisivas. Trata-se de uma reflexão imprescindível a todos os veículos que hoje fazem usos desses conteúdos.

RONSON, J. **Humilhado**: como a era da internet mudou o julgamento público. Rio de Janeiro: Best Seller, 2015.

O jornalista Jon Ronson investiga como o anonimato das redes possibilita que as pessoas se tornem algozes ao se darem o direito de fazer "justiça" em nome de um suposto civismo. Ele demonstra, ainda, que esse movimento de humilhação costuma castigar os condenados com punições muito mais severas que os "crimes" praticados. Trata-se, afinal, do lado oposto – e negativo – das possibilidades de engajamento trazidas pela chamada *cultura da participação*.

THE NEWSROOM. Direção: Aaron Sorkin. EUA, 2012-2014. Série de televisão.

A famosa série debate uma variedade de questões que hoje atingem os profissionais do jornalismo, como os dilemas éticos, os contatos com as fontes e as negociações com os donos dos veículos. Além disso, a série se passa na redação de uma emissora televisiva e apresenta, com bastante fidelidade, a rotina vibrante do ofício.

Perguntas & respostas

Para um veículo jornalístico, quais são as vantagens em buscar modelos alternativos de financiamento de seu negócio?

Há várias vantagens. O uso de fontes alternativas de financiamento pode trazer mais independência ao veículo, que não fica atrelado a verbas que poderiam comprometer sua imparcialidade (o que ocorre, por exemplo, quando o governo é o patrocinador da empresa). No caso de financiamentos feitos diretamente com o público, a estratégia pode ajudar a construir uma relação mais sólida com seus leitores.

Questões para revisão

1. Qual das alternativas a seguir **não** corresponde a uma nova possibilidade de financiamento das atividades jornalísticas?
    a) Valores arrecadados com assinaturas de leitores e usuários.
    b) Valores de doações feitas por fundações independentes.
    c) O estabelecimento de *paywall* para angariar assinantes aos veículos.
    d) As campanhas com tempo limitado, para projetos específicos.
    e) A comercialização de cotas na sociedade das empresas jornalísticas.

2. Com relação aos erros nos produtos jornalísticos, considere as afirmações a seguir:

I) O aprimoramento dos processos de gestão das empresas jornalísticas tende a extinguir qualquer tipo de erro nas notícias.

II) A superoferta de informações na internet acarreta a diminuição da quantidade de erros e notícias falsas, uma vez que toda a população está propensa a corrigi-los.

III) Os jornalistas que não estiverem bem familiarizados com o funcionamento das redes sociais podem ser levados a acreditar em informações falsas.

IV) A "sedução" das assessorias de imprensa pode levar os jornalistas a entrevistar fontes que não são as mais adequadas para falar de alguns assuntos.

Estão corretas apenas as afirmações:

a) I e II.
b) II e III.
c) III e IV.
d) II, III e IV.
e) Todas estão corretas.

3. O que é *clickbait*?

   a) Refere-se a conteúdos ou chamadas de conteúdos de baixa relevância cujo objetivo é "seduzir" o usuário e "caçar" um clique em um *link*.

   b) É uma estratégia usada pelos jornalistas para estimular a população a enviar suas contribuições.

   c) É um novo modelo de financiamento do negócio jornalístico.

   d) É um vício de linguagem que torna os textos jornalísticos mais acessíveis à população em geral.

   e) É uma técnica que auxilia os jornalistas na hora de fazer uma transmissão ao vivo.

4. Quais são os cuidados a serem tomados na produção de um publieditorial ou de *branded content*?

5. Por que as mudanças geracionais são um desafio ao futuro do jornalismo impresso?

Questão para reflexão

1. Vamos testar as possibilidades da transmissão ao vivo. Para isso, você deve realizar uma transmissão de algum acontecimento, com o uso de uma câmera (do celular, do computador ou uma câmera profissional) e de serviços de *streaming*, como

o *live* do Facebook, do Twitter ou do Instagram. Programe-se: antes do registro, reflita sobre como você se apresentará ao seu espectador, quais técnicas jornalísticas pretende usar (Fará uso de recursos convencionais do jornalismo, como os enquadramentos e a manutenção da passagem do repórter? Fará entrevistas?) e qual evento será transmitido (Por que escolheu esse evento e não outro? Quais fatores condicionaram sua decisão?). Após a realização da transmissão, escreva todas as suas reflexões em um documento, de forma a registrá-las e a refletir sobre a experiência.

Estudo de caso

Ao longo desta obra, discorremos sobre as mudanças atualmente enfrentadas pelo jornalismo. Por um lado, elas podem servir de inspiração às instituições tradicionais para que repensem seu funcionamento e, por outro, podem motivar o surgimento de novas instituições já adaptadas ao atual momento da profissão.

Um desses novos veículos é o jornal *Nexo*, uma empresa de jornalismo digital fundada em 2015 por três profissionais de formação interdisciplinar (uma cientista social, uma engenheira e um jornalista) que, juntos, formaram um veículo que hoje reúne cerca de 30 pessoas. A proposta do *Nexo* se situa na lógica do jornalismo independente, pois está desatrelado das premissas das empresas tradicionais, como a renda provinda de anúncios (o jornal, aliás, não abre espaço para a publicidade do Poder Público, no intuito de garantir sua liberdade). Outra característica ligada ao trabalho independente diz respeito ao ineditismo de sua linha editorial, uma proposta de *slow journalism*, ou seja, de jornalismo em profundidade, a ser produzido e consumido com calma e reflexividade – no lugar da lógica fugaz do imediatismo de parte da mídia digital atual. O veículo se assume como menos factual (ou seja, constituído de notícias extremamente atuais e que "expiram" com rapidez) e mais voltado a um jornalismo de contexto, concretizado por profissionais de diferentes áreas, os quais colaboram para a construção de um jornalismo plural.

O *Nexo* é um veículo que busca enfrentar os desafios impostos às empresas jornalísticas que fogem da lógica histórica da dependência exclusiva da publicidade. Para isso, opera por meio de um sistema de assinaturas vendidas aos seus leitores, em modelo *paywall*. No entanto, o jornal é aberto parcialmente para não assinantes, que conseguem acessar cinco matérias por mês e algumas seções específicas do *site*.

O jornal ainda se destaca por investir em formatos inovadores. Condiz, portanto, com as novas demandas comunicacionais de um público adaptado ao ambiente digital. O *Nexo* explora, por exemplo, o formato de *games* (um exemplo é um jogo de palavras cruzadas sobre a Operação Lava Jato[1]) e infográficos interativos. Ainda tem destaque como conteúdo inovador uma reportagem sobre os ruídos das metrópoles brasileiras[2].

Além disso, o veículo leva bastante a sério o uso das redes sociais e emprega estratégias específicas a cada uma delas, respeitando sua natureza e o perfil dos usuários. Todos esses elementos colocam o *Nexo* como uma empresa jornalística perfeitamente adequada às demandas do jornalismo pós-industrial.

· · · · ·

1   Para conhecer o jogo, acesse: <https://www.nexojornal.com.br/interativo/2016/05/09/Palavras-cruzadas-impeachment-e-a-Lava-Jato-em-jogo>. Acesso em: 17 nov. 2017.
2   Para conhecer a reportagem, acesse: <https://www.nexojornal.com.br/especial/2016/07/22/Os-ru%C3%ADdos-das-cidades>. Acesso em: 17 nov. 2017.

Para concluir...

Chegamos ao fim deste livro com a expectativa de que ele tenha cumprido seu objetivo primordial: o de fazer com que você, leitor, esteja agora mais familiarizado com o atual contexto do jornalismo e suas novas práticas profissionais. Conforme destacamos ao longo de nossa abordagem, as mudanças são inevitáveis, uma vez que a profissão é, por sua própria natureza, condicionada aos movimentos do mundo social. Por consequência, cabe aos jornalistas – formados ou em processo de formação – assumir como condição fundamental ao trabalho o esforço de estarem sempre atentos a essas atualizações.

Ao longo dos cinco capítulos da obra, buscamos discutir e analisar diversos aspectos do jornalismo atual, tanto no que diz respeito ao perfil do profissional da área e às habilidades que lhe são requisitadas quanto no que se refere às alterações da própria profissão e das instituições nas quais ela se concretiza. Conforme abordamos, o cenário do chamado *jornalismo pós--industrial* sinaliza um futuro (e um presente) no qual muitas certezas precisam ser reconsideradas. Entre elas, destaca-se o próprio funcionamento do jornalismo, que outrora se fundamentava em uma espécie de monopólio da informação e na centralidade de sua produção por grandes empresas. Agora, o panorama é totalmente diferente: esse domínio ficou no passado, uma vez que os jornalistas "concorrem" com diversas outras vozes, novas instituições estão surgindo e todas as empresas jornalísticas – antigas e novas – são obrigadas a repensar os modos pelos quais se sustentarão financeiramente.

Assim, é incontestável que todo jornalista que atua ou pretende atuar no mercado de trabalho precisa estar ciente de todos esses elementos, de forma a ter segurança em suas escolhas profissionais e nos rumos que gostaria de seguir. No entanto, não tínhamos como objetivo elaborar um simples guia – ainda que partes deste livro tenham cunho bastante prático –, pois acreditamos que isso seria pouco útil aos leitores, especialmente por duas razões: a primeira é que, como ressaltamos, o jornalismo é essencialmente ágil, e um livro de regras ou dicas sem dúvida ficaria datado com muita rapidez; a outra é que a profissão é dinâmica e não se prende a fórmulas prontas.

Assim, esperamos que esta obra tenha suscitado no leitor que é jornalista (ou futuro jornalista) ainda mais curiosidade e ímpeto para permanecer atualizado. Além disso, procuramos evidenciar algo que é imprescindível ao bom jornalista: a vontade de refletir criticamente sobre sua atividade, buscando sempre a excelência e a criatividade naquilo que faz e não abrindo concessões a caminhos mais fáceis – como o uso de estratégias que causam sensacionalismo ou que seduzem o leitor com conteúdos de baixa relevância. É desse profissional bem acima da média, afinal, que o jornalismo brasileiro precisa.

Referências

ACOSTA, D. R. de M. **Transição e inovação**: as potencialidades dos newsgames para o jornalismo on-line. Dissertação (Mestrado em Engenharia e Gestão do Conhecimento) – Universidade Federal de Santa Catarina, Florianópolis, 2016.

AFINAL DE CONTAS. Blog de Marcelo Soares. Disponível em: <http://afinaldecontas.blogfolha.uol.com.br/>. Acesso em: 5 out. 2017.

AGÊNCIA PÚBLICA. Disponível em: <http://apublica.org/>. Acesso em: 5 out. 2017.

_____. **O que descobrimos com o Mapa do Jornalismo Independente**. 21 nov. 2016. Disponível em: <https://apublica.org/2016/11/o-que-descobrimos-com-o-mapa-do-jornalismo-independente/>. Acesso em: 5 out. 2017.

AGUADO, J. M. La industria del contenido en la era Post-PC: horizontes, amenazas y oportunidades. In: CANAVILHAS, J. (Org.). **Notícias e mobilidade**: jornalismo na era dos dispositivos móveis. Covilhã: LabCom, 2013. p. 5-32.

ANDERSON, C. **A cauda longa**: do mercado de massa para o mercado de nicho. Rio de Janeiro: Campus, 2006.

ANDERSON, C. W.; BELL, E.; SHIRKY, C. Jornalismo pós-industrial: adaptação aos novos tempos. **Revista de Jornalismo ESPM**, São Paulo, ano 2, n. 5, p. 30-89, abr./jun. 2013. Disponível em: <http://www.espm.br/download/2012_revista_jornalismo/Revista_de_Jornalismo_ESPM_5/files/assets/common/downloads/REVISTA_5.pdf>. Acesso em: 5 out. 2017.

ANDRADE, D. **Entrevista concedida por e-mail a Maura Oliveira Martins**. 13 ago. 2017.

BARBOSA, S. Jornalismo convergente e continuum multimídia na quinta geração do jornalismo nas redes digitais. In: CANAVILHAS, J. (Org.). **Notícias e mobilidade**: jornalismo na era dos dispositivos móveis. Covilhã: LabCom, 2013. p. 33-54.

BARBOSA, S. (Org.). **Jornalismo digital de terceira geração**. Covilhã: Labcom, 2007.

BARSOTTI, A.; AGUIAR, L. Produção de notícias para dispositivos móveis: a lógica das sensações e do infotenimento. In: CANAVILHAS, J. (Org.). **Notícias e mobilidade**: jornalismo na era dos dispositivos móveis. Covilhã: LabCom, 2013. p. 295-318.

BAUMAN, Z. **Modernidade líquida**. Rio de Janeiro: Zahar, 2001.

BECKER, B.; TEIXEIRA, J. Um panorama da produção jornalística audiovisual no ciberespaço: as experiências das redes colaborativas. **Revista Famecos: Mídia, Cultura e Tecnologia**, Porto Alegre, v. 16, n. 40, 2009.

BERTOLOTTO, R. **Segregação à brasileira**. Disponível em: <http://tab.uol.com.br/racismo/>. Acesso em: 5 out. 2017.

BRADSHAW, P. How to Be a Data Journalist. **The Guardian**, 1º Oct. 2010. Disponível em: <https://www.theguardian.com/news/datablog/2010/oct/01/data-journalism-how-to-guide>. Acesso em: 2 out. 2017.

BRAGA, J. L. Crítica na sociedade em midiatização. In: RIZZOTTO, C. (Org.). **A gente vê por aqui?** Práticas e reflexões sobre crítica de mídia. Londrina: Syntagma, 2017. p. 22-44.

BRAMBILLA, A. **Newsgeist Latam**: anotações de um espírito de tempo no jornalismo contemporâneo. 12 mar. 2017. Disponível em: <https://medium.com/@anabrambilla/newsgeist-latam-anotações-de-um-esp%C3%ADrito-de-tempo-no-jornalismo-contemporâneo-fb65e0dab4aa#.yx79fsvyf>. Acesso em: 2 out. 2017.

BRASIL. Ministério da Educação. Portaria n. 203, de 12 de fevereiro de 2009. **Diário Oficial da União**, Brasília, DF, 13 fev. 2009. Disponível em: <http://portal.mec.gov.br/dmdocuments/documento_final_cursos_jornalismo.pdf>. Acesso em: 5 out. 2017.

BUCCI, E. Por que precisamos de jornais? **O Estado de S. Paulo**, 7 maio 2009. Opinião. Disponível em: <http://opiniao.estadao.com.br/noticias/geral, por-que-precisamos-de-jornais,366697>. Acesso em: 2 out. 2017.

CABRAL, L. **Cooperativas quebram paradigmas como alternativas para uma nova mídia**. 9 ago. 2013. Disponível em <http://desacato.info/cooperativas-quebram-paradigmas-como-alternativas-para-uma-nova-midia/>. Acesso em: 2 out. 2017.

CANAVILHAS, J. Webjornalismo: considerações gerais sobre jornalismo na web. In: CONGRESSO IBÉRICO DE COMUNICAÇÃO, 1., 2001, Covilhã. Disponível em: <http://www.bocc.ubi.pt/pag/canavilhas-joao-webjornal.pdf>. Acesso em: 2 out. 2017.

_____. **Webjornalismo**: da pirâmide invertida à pirâmide deitada. 2006. Disponível em: <http://www.bocc.ubi.pt/pag/canavilhas-joao-webjornalismo-piramide-invertida.pdf>. Acesso em: 2 out. 2017.

CASTILHO, C. Pesadelo diário. **Revista de Jornalismo ESPM**, São Paulo, n. 9, p. 36-39, abr./jun. 2014.

CHRISTOFOLETTI, R. Preocupações éticas no jornalismo feito por não-jornalistas. **Revista Comunicação e Sociedade**, Braga, v. 25, p. 267-277, 2014.

CONDE, M. G. A estrutura da notícia na mídia digital: uma análise comparativa entre o webjornal e o aplicativo para iPad de El País. In: CANAVILHAS, J. (Org.). **Notícias e mobilidade**: jornalismo na era dos dispositivos móveis. Covilhã: LabCom, 2013. p. 99-120.

COSTA, C. T. Um modelo de negócio para o jornalismo digital. **Revista de Jornalismo ESPM**, São Paulo, ano 2, n. 9, p. 51-115, abr./jun. 2014.

DECA. Disponível em: <https://www.decastories.com>. Acesso em: 5 out. 2017.

DESACATO. Disponível em: <http://desacato.info>. Acesso em: 5 out. 2017.

DETROIT JOURNALISM COOPERATIVE. Disponível em: <http://www.detroitjournalism.org>. Acesso em: 5 out. 2017.

ELLWANGER, R. Coojornal: experiência pioneira de economia solidária entre jornalistas. In: SEMINÁRIO INTERNACIONAL SOBRE DESENVOLVIMENTO REGIONAL, 5., 2011, Santa Cruz do Sul.

ESTADÃO DADOS. Disponível em: <http://blog.estadaodados.com/>. Acesso em: 5 out. 2017.

FERNANDES, A. Jornalista não planeja futuro nem reflete sobre profissão, diz estudo. **USP Online Destaque**, São Paulo, 1º jul. 2013. Disponível em: <http://www5.usp.br/29444/jornalista-nao-planeja-o-futuro-nem-reflete-sobre-a-profissao-mostra-estudo-da-eca/>. Acesso em: 2 out. 2017.

FERRARI, P. **Comunicação digital na era da participação**. Porto Alegre: Editora Fi, 2016. (Série Comunicação, Jornalismo e Educação, v. 5). Disponível em: <https://docs.wixstatic.com/ugd/48d206_ca7f094fcf1d441d9cc695d612031e26.pdf>. Acesso em: 5 out. 2017.

FORTES, L. **Jornalismo investigativo**. São Paulo: Contexto, 2005.

FRAGA, I. Jornais brasileiros abandonam em massa o serviço Google Notícias. **Knight Center for Journalism in the Americas**, 18 out. 2012. Disponível em: <https://knightcenter.utexas.edu/pt-br/blog/00-11786-jornais-brasileiros-abandonam-em-massa-o-servico-google-noticias>. Acesso em: 2 out. 2017.

FRANCISCATO, C. E. **A fabricação do presente**: como o jornalismo reformulou a experiência do tempo nas sociedades ocidentais. São Cristóvão: Ed. da UFS, 2005.

GAZETA DO POVO. **Diários Secretos**. Disponível em: <http://www.gazetadopovo.com.br/vida-publica/especiais/diarios-secretos/>. Acesso em: 5 out. 2017.

GENRO FILHO, A. G. **O segredo da pirâmide**: para uma teoria marxista do jornalismo. Porto Alegre: Ortiz, 1989.

GIACOMO, F. di. Filosofighters: conheça os bastidores do newsgame 360º lançado pela Super. **Super Interessante**, Blog, Newsgames, 21 dez. 2016. Disponível em: <https://super.abril.com.br/blog/newsgames/filosofighters-conheca-os-bastidores-do-newsgame-360-lancado-pela-super/>. Acesso em: 5 out. 2017.

GRAY, J.; BOUNEGRU, L.; CHAMBERS, L. (Org.). **Manual de jornalismo de dados**. 2012. Disponível em: <http://datajournalismhandbook.org/pt/index.html>. Acesso em: 5 out. 2017.

GUIMARÃES, L. Manter a verdade em circulação. **O Estado de S. Paulo**, 2 maio 2009. Cultura. Disponível em: <http://cultura.estadao.com.br/noticias/artes,manter-a-verdade-em-circulacao,364552>. Acesso em: 2 out. 2017.

IBGE – Instituto Brasileiro de Geografia e Estatística. **Censo Demográfico 2010**: características da população e dos domicílios – resultados do universo. Rio de Janeiro, 2011. Disponível em: <https://biblioteca.ibge.gov.br/visualizacao/periodicos/93/cd_2010_caracteristicas_populacao_domicilios.pdf>. Acesso em: 25 out. 2017.

INGRAM, M. You Can Make a Living from a Thousand True Fans – Ben Thompson is Proof. **GigaOm**, 13 Nov. 2014. Disponível em: <https://gigaom.com/2014/11/13/you-can-make-a-living-from-a-thousand-true-fans-ben-thompson-is-proof/>. Acesso em: 2 out. 2017.

JENKINS, H. **Cultura da convergência**. São Paulo: Aleph, 2008.

JENKINS, H.; GREEN, J.; FORD, S. **Cultura da conexão**: criando valor e significado por meio da mídia propagável. São Paulo: Aleph, 2014.

KLATELL, D. A arte da reinvenção: enquanto as TVs patinam no modelo tradicional da narrativa em vídeo, redações digitais apostam nos filmes produzidos por amadores. **Revista de Jornalismo ESPM**, São Paulo, n. 11, p. 22-25, out./nov./dez 2014a.

_____. Arranjo insólito. **Revista de Jornalismo ESPM**, São Paulo, n. 9, p. 16-17, abr./maio/jun. 2014b.

KLUPPEL, G. Em tempos de pós-verdade. **Revista Partes**, 1º mar. 2017. Disponível em: <http://www.partes.com.br/2017/03/01/em-tempos-de-pos-verdade/>. Acesso em: 2 out. 2017.

LIMA, S. P. Jornalismo investigativo: desafios, impasses e oportunidades na era digital. In: CONGRESSO BRASILEIRO DE CIÊNCIAS DA COMUNICAÇÃO, 34., 2011, Recife. **Anais**... São Paulo: Intercom, 2011. Disponível em: <http://www.intercom.org.br/papers/nacionais/2011/resumos/R6-2127-1.pdf>. Acesso em: 2 out. 2017.

LOPEZ, D. C. **Radiojornalismo hipermidiático**: tendências e perspectivas do jornalismo de rádio all news brasileiro em um contexto de convergência tecnológica. Covilhã: LabCom, 2010.

MARCIANO, C. **Jogando ética**: newsgames de letramento no ensino de deontologia jornalística. Dissertação (Mestrado em Jornalismo) – Universidade Federal de Santa Catarina, Florianópolis, 2016.

MARCONDES FILHO, C. **Comunicação e jornalismo**: a saga dos cães perdidos. São Paulo: Hacker, 2002.

MARTINS, M. **Novos efeitos de real no jornalismo televisivo**: reconfigurações estéticas e narrativas a partir da ubiquidade das máquinas de visibilidade. Covilhã: LabCom, 2017.

MAZOTTE, N. What to Do After Losing Your Job at a Newspaper: Brazilian Reporter Creates a Profitable Startup and Hires 20 Journalists. **Knight Center for Journalism in the Americas**, 6 Feb. 2017. Disponível em: <https://knightcenter.utexas.edu/blog/00-17970-what-do-after-losing-your-job-newspaper-brazilian-reporter-creates-profitable-startup-#.WJpko7vo5i0.twitter>. Acesso em: 2 out. 2017.

MELO, S. A. **Discursos e práticas**: um estudo do jornalismo investigativo no Brasil. Dissertação (Mestrado em Ciências da Comunicação) – Universidade de São Paulo, São Paulo, 2015.

MEYER, P. **Os jornais podem desaparecer?** Como salvar o jornalismo na era da informação. São Paulo: Contexto, 2007.

MICK, J.; LIMA, S. **Perfil do jornalista brasileiro**: características demográficas, políticas e do trabalho jornalístico em 2012. Florianópolis: Insular, 2013.

MIELNICZUK, L. **Jornalismo na web**: uma contribuição para o estudo do formato da notícia na escrita hipertextual. Tese (Doutorado em Comunicação e Cultura Contemporânea) – Universidade Federal da Bahia, Salvador, 2003.

OLGA. **A Olga**. Disponível em: <http://thinkolga.com/a-olga/>. Acesso em: 5 out. 2017a.

_____. **Entreviste uma mulher**. Disponível em: <http://thinkolga.com/2014/08/20/entreviste-uma-mulher/>. Acesso em: 25 out. 2017b.

PAULINO, F. O.; XAVIER, A. C. R. Jornalismo sem fins lucrativos: transição, expansão, sustentabilidade e independência. **Revista Comunicação Midiática**, Bauru, v. 10, n. 1, p. 154-168, jan./abr. 2015. Disponível em: <http://www2.faac.unesp.br/comunicacaomidiatica/index.php/comunicacaomidiatica/article/view/575/299>. Acesso em: 2 out. 2017.

PAULINO, R. (Col.). Tecnologias no apoio aos processos de informação. In: FERRARI, P. **Comunicação digital na era da participação**. Porto Alegre: Editora Fi, 2016. p. 52-61. (Série Comunicação, Jornalismo e Educação, v. 5). Disponível em: <https://docs.wixstatic.com/ugd/48d206_ca7f094fcf1d441d9cc695d612031e26.pdf>. Acesso em: 5 out. 2017.

PEÑA, N. de la. The Future of News? Virtual Reality. **TED Talks**, maio 2015. Disponível em: <http://bit.ly/1MQH00f>. Acesso em: 5 out. 2017.

PEREIRA, F. H.; ADGHIRNI, Z. L. O jornalismo em tempo de mudanças estruturais. **Intexto**, Porto Alegre, v. 1, n. 24, p. 38-57, jan./jun. 2011.

PERUYERA, M. **Usos e apropriações de tecnologias no cotidiano do jornalismo guiado por dados**. Dissertação (Mestrado em Tecnologia e Sociedade) – Universidade Tecnológica Federal do Paraná, Curitiba, 2015.

PONTES, F. S. Desigualdades estruturais de gênero no trabalho jornalístico: o perfil das jornalistas brasileiras. **Revista da Associação Nacional dos Programas de Pós-Graduação em Comunicação – E-Compós**, Brasília, v. 20, n. 1, jan./abr. 2017.

RAMONET, I. **A explosão do jornalismo**: das mídias de massa à massa de mídias. São Paulo: Publisher, 2012.

RETRATO DA VIOLÊNCIA.ORG. **Retrato da violência contra a mulher no RS**. Disponível em: <http://retratodaviolencia.org/RS/#soledade/>. Acesso em: 5 out. 2017.

RIBEIRO, A. **Entrevista concedida por e-mail a Maura Oliveira Martins**. 4 abr. 2017.

RIBEIRO, J. H. **Jornalistas**: 1937 a 1997 – história da imprensa de São Paulo vista pelos que batalham laudas (terminais), câmeras e microfones. São Paulo: Imprensa Oficial do Estado, 1998.

ROST, A. Interatividade: definições, estudos e tendências. In: CANAVILHAS, J. (Org.). **Webjornalismo**: 7 características que marcam a diferença. Covilhã: LabCom, 2014. p. 53-88.

SÁ, N. de. Como os grandes jornais e as mídias sociais tentam responder à invenção deliberada de fatos. **Folha de S. Paulo**, 19 fev. 2017. Ilustríssima. Disponível em: <http://www1.folha.uol.com.br/ilustrissima/2017/02/1859992-como-os-grandes-jornais-e-as-midias-sociais-tentam-responder-a-invencao-deliberada-de-fatos.shtml>. Acesso em: 2 out. 2017.

SACCHITIELLO, B. Redução do alcance é natural, diz Facebook. **Meio & Mensagem**, 6 dez. 2013. Disponível em: <http://www.meioemensagem.com.br/home/midia/2013/12/06/reducao-do-alcance-e-natural-diz-facebook.html>. Acesso em: 2 out. 2017.

SAKAMOTO, L. **O que aprendi sendo xingado na internet**. São Paulo: LeYa, 2016.

SANT'ANNA, F. **Mídia das fontes**: o difusor do jornalismo corporativo. 2006. Disponível em: <http://www.bocc.ubi.pt/pag/santanna-francisco-midia-fontes.pdf>. Acesso em: 2 out. 2017.

SANTOS, M. C. Textos gerados por software: surge um novo gênero jornalístico? **Revista de Estudos da Comunicação**, Curitiba, v. 15, n. 38, 2014.

SELIGMAN, L. Jornais populares de qualidade: ética e sensacionalismo em um novo padrão do jornalismo de interior catarinense. **Brazilian Journalism Research**, v. 5. n. 1, 2009. Disponível em: <https://bjr.sbpjor.org.br/bjr/article/view/199/198>. Acesso em: 2 out. 2017.

SHIRKY, C. **A cultura da participação**: criatividade e generosidade no mundo conectado. Rio de Janeiro: Zahar, 2011.

SILVERMAN, C. (Ed.). **Verification Handbook**: an Ultimate Guideline on Digital Age Sourcing for Emergency Coverage. Maastricht: European Journalism Centre, 2014.

SOUZA, A. F. C. de. Mulheres jornalistas: percursos e percalços. In: ENCONTRO DE ESTUDOS MULTIDISCIPLINARES EM CULTURA, 5., 2009, Salvador.

SPECHT, P. P. O WhatsApp aliado da notícia: a interatividade no jornal brasileiro Extra. In: CANAVILHAS, J.; RODRIGUES, C. (Org.). **Jornalismo móvel**: linguagem, géneros e modelos de negócio. Covilhã: LabCom, 2017. p. 219-242.

TRÄSEL, M. Jornalismo guiado por dados: relações da cultura hacker com a cultura jornalística. In: ENCONTRO ANUAL DA COMPÓS, 22., 2013, Salvador. **Anais**... 2013. Disponível em: <http://compos.org.br/data/biblioteca_2065.pdf>. Acesso em: 2 out. 2017.

TRIBUNA HOJE. Disponível em: <http://www.tribunahoje.com>. Acesso em: 5 out. 2017.

VELOSO, C. Alegria alegria. Intérprete: Caetano Veloso. In: ____. **Caetano Veloso**. [S.l.]: Philips Records, 1967.

VICTOR, F. Como funciona a engrenagem das notícias falsas no Brasil. **Folha de S. Paulo**, 19 fev. 2017a. Ilustríssima. Disponível em: <http://www1.folha.uol.com.br/ilustrissima/2017/02/1859808-como-funciona-a-engrenagem-das-noticias-falsas-no-brasil.shtml>. Acesso em: 2 out. 2017.

_____. Notícias falsas existem desde o século 6, afirma historiador Robert Darnton. **Folha de S. Paulo**, 19 fev. 2017b. Ilustríssima. Disponível em: <http://www1.folha.uol.com.br/ilustrissima/2017/02/1859726-noticias-falsas-existem-desde-o-seculo-6-afirma-historiador-robert-darnton.shtml>. Acesso em: 2 out. 2017.

VIEIRA, L. de S. "News:rewired" discute as principais inovações no jornalismo online mundial. **Objethos: Observatório da Ética Jornalística**, 12 fev. 2017. Disponível em: <https://objethos.wordpress.com/2017/02/12/newsrewired-discute-as-principais-inovacoes-no-jornalismo-online-mundial/>. Acesso em: 2 out. 2017.

VILLEGAS, G.; SANTOS, T. C. dos. (Col.). O conhecimento é a base e força produtiva no crowdfunding. In: FERRARI, P. **Comunicação digital na era da participação**. Porto Alegre: Editora Fi, 2016. p. 161-178. (Série Comunicação, Jornalismo e Educação, v. 5). Disponível em: <https://docs.wixstatic.com/ugd/48d206_ca7f094fcf1d441d9cc695d612031e26.pdf>. Acesso em: 5 out. 2017.

WARDLE, C. Verifying User-Generated Content. In: SILVERMAN, C. (Ed.). **Verification Handbook**: an Ultimate Guideline on Digital Age Sourcing for Emergency Coverage. Maastricht: European Journalism Centre, 2014. p. 25-34. Disponível em: <https://verificationhandbook.com/downloads/verification.handbook.pdf>. Acesso em: 5 out. 2017.

WARDLE, C.; DUBBERLEY, S.; BROWN, P. **Amateur Footage**: a Global Study of User-Generated Content in TV and Online-News Output. Phase 1 Report. New York: Tow Center for Digital Journalism/Columbia Journalism School: 2014. Disponível em: <http://towcenter.org/wp-content/uploads/2014/04/80458_Tow-Center-Report-WEB.pdf>. Acesso em: 2 out. 2017.

ZANOTTI, C. A.; SCHMIDT, S. C. Jornais em dispositivos móveis: experiências com resultados opostos em cidades do interior do Estado de São Paulo (Brasil). In: CANAVILHAS, J. (Org.). **Notícias e mobilidade**: jornalismo na era dos dispositivos móveis. Covilhã: LabCom, 2013. p. 141-162.

Respostas

Capítulo 1

Questões para revisão
1. d
2. a
3. d
4. Pesquisas mostram que os conteúdos para dispositivos móveis costumam ser mais acessados ao final da tarde, depois das 17 horas, quando as pessoas normalmente estão encerrando suas jornadas profissionais, e as produções devem levar em conta essa lógica.
5. É a interação que ocorre quando os veículos disponibilizam canais por meio dos quais os leitores podem se expressar e se comunicar com os veículos (por exemplo, por meio do envio de conteúdo).

Capítulo 2

Questões para revisão
1. b
2. c
3. d
4. Muitos jornalistas ainda estão excessivamente ligados ao processo analógico, com dificuldades de adaptação ao digital. Além disso, Costa (2014) aponta que há uma deficiência na formação do jornalista, que ainda não é educado para atuar também como gestor.

5. O veículo precisa definir o caminho (fluxograma) que o conteúdo vai percorrer a partir de sua chegada à redação; estabelecer os canais para a realização do contato com o público; ter uma política clara e executável para a apuração e a verificação dos conteúdos; além disso, os profissionais precisam ter parcimônia e discernimento para não cair na tentação de querer veicular qualquer tipo de material.

Capítulo 3

Questões para revisão

1. c
2. e
3. d
4. A ascensão dos veículos independentes indica perda de credibilidade das mídias tradicionais hegemônicas. As empresas menores tendem a ser isentas de interesses econômicos e ideológicos. Além disso, costumam atender a demandas específicas, tratando de temas que não tendem a ser investigados em profundidade por empresas maiores, com foco mais generalista.
5. Nesse modelo, os jornalistas costumam ser sócios da própria empresa; são instituições menos afeitas aos modelos das empresas capitalistas; nas cooperativas, os jornalistas conseguem unir forças e trabalhar em rede, em vez de estarem submetidos a patrões; as "sobras" de lucro dos produtos comercializados são divididas entre os sócios.

Capítulo 4

Questões para revisão

1. c
2. a
3. d

4. A perspectiva de tirar o leitor de uma postura de passividade faz com que se sinta participante dos fatos ali informados. A intenção no uso da realidade aumentada é a de tentar levar o leitor para dentro de um acontecimento, como se fosse uma das pessoas envolvidas.
5. Algumas sugestões são: definir um manual executável sobre esse uso e disponibilizá-lo para todos os membros da redação; entender as lógicas diferentes de cada uma das redes, de modo a fazer um uso estratégico delas; sistematizar um plano a ser executado para enfrentamento de situações de crise.

Capítulo 5

Questões para revisão

1. e
2. c
3. a
4. Deve-se assegurar que o material produzido tenha os mesmos rigores da produção jornalística tradicional; o ideal é que esse conteúdo seja produzido por um setor da redação voltado apenas para isso; é preciso deixar evidentes para o leitor todas as relações mantidas com anunciantes ou benefícios recebidos pelos jornalistas (quando, por exemplo, uma viagem foi paga ao repórter para produzir um conteúdo); não se deve levar o leitor ao erro, ou seja, é necessário deixar claro que o conteúdo foi produzido a partir de uma relação comercial com um parceiro do veículo jornalístico.
5. Porque, ao contrário do que se imaginava, as novas gerações, à medida que envelhecem, não têm se tornado mais propensas a acessar os veículos impressos. Como cresceram habituadas às plataformas digitais, elas não tendem a adquirir jornais impressos.

Sobre a autora

Maura Oliveira Martins é doutora em Ciências da Comunicação pela Universidade de São Paulo (USP), mestre em Ciências da Comunicação pela Universidade do Vale do Rio dos Sinos (Unisinos) e jornalista diplomada pela Universidade Federal de Santa Maria (UFSM). Desde 2006, atua como docente de ensino superior em cursos de Comunicação Social, além de ser coordenadora de vários cursos – Jornalismo, Publicidade e Propaganda e Relações Públicas – do UniBrasil Centro Universitário, em Curitiba. É autora do livro *Novos efeitos de real no jornalismo televisivo: reconfigurações estéticas e narrativas a partir da ubiquidade das máquinas de visibilidade*, publicado pela editora LabCom.IFP, da Universidade da Beira Interior (Covilhã, Portugal). É ainda fundadora e editora do portal de jornalismo cultural A Escotilha.

Os papéis utilizados neste livro, certificados por instituições ambientais competentes, são recicláveis, provenientes de fontes renováveis e, portanto, um meio responsável e natural de informação e conhecimento.

FSC
www.fsc.org
MISTO
Papel produzido
a partir de
fontes responsáveis
FSC® C103535

Impressão: Reproset
Outubro/2021